子ども理解と発達臨床

山口 勝己 著

北大路書房

■ まえがき ■

　現在，筆者は大学で「幼児理解と教育相談」「発達心理学Ⅰ（児童心理学）」「発達心理学Ⅱ（青年心理学）」等の授業を担当しているが，学生のテキストとしてできれば一冊にまとめたいという気持ちがあった。

　そこで今回，幼児・小学生・中学生を中心に，「発達臨床」という立場から執筆しようと考えた。すなわち，各発達段階における発達課題の理解をベースに置きながら，発達の途上に生じる壁，たとえば発達障害やこころの問題を取り上げたいということである。

　子どもたちが，発達の道筋で待ち受ける障害物を乗り越えることは，けっして容易なことではなく，なんらかの援助が必要である。このような場合，臨床心理学の方法で支援していくのが発達臨床である。

　本書では，まず各発達段階の特徴を，これまでの発達心理学で説明されている基本的事項として述べ，次いで発達障害やこころの問題，さらには心理検査と心理療法について記述している。

　本書の核となっている部分は，第2章の「幼児の教育相談・発達障害」，第5章の「小・中学生の臨床的問題」であり，学生諸君が理解しやすいように事例を多く載せるようにした。これらは，筆者が30年近く児童福祉臨床に携わってきて，実際に経験したものが含まれている。

　最後に，筆者が非才を省みず本書を企画したにもかかわらず，それに賛同し，刊行の努力をしていただいた出版社のスタッフの方々に感謝申し上げます。

　　　　　　　　　　　　　　平成19年1月　大阪の自宅にて
　　　　　　　　　　　　　　　　　　　　　　山口勝己

目　次

まえがき

第 1 章　幼児の発達心理

1 節　発達理解のための基礎概念 …………………………………………… 1
   1　発達とは何か　1
   2　人間発達の特殊性　1
   3　発達の規定因　3
   4　発達の原理　4
   5　発達段階　5
   6　発達課題　7

2 節　身体運動発達 ………………………………………………………… 10
   1　身体発達　10
   2　運動発達　11
   3　基本的生活習慣の形成　15

3 節　知的発達 ……………………………………………………………… 16
   1　知覚の発達　16
   2　言語の発達　22
   3　思考の発達　26

4 節　情緒的発達 …………………………………………………………… 31
   1　情緒とは何か　31
   2　情緒の分化図式　32
   3　おもな情緒の発達　33
   4　幼児の情緒の特徴　34
   5　不安と防衛機制　35

5 節　社会的発達 …………………………………………………………… 36
   1　乳幼児の社会的行動　36
   2　愛着の意味するもの　36
   3　乳児の微笑反応　38
   4　自我の芽ばえ　40
   5　第一反抗期　41
   6　反抗現象と人格形成　42
   7　遊びの発達　43

第2章　幼児の教育相談・発達障害

1節 教育相談 …… 49
  1 しつけと家庭教育　50
  2 習癖への対応　54
  3 性格形成　58
  4 幼稚園教育　63
  5 育児不安　68
2節 発達障害 …… 70
  1 言語発達遅滞　71
  2 精神発達遅滞　76
  3 自閉症（Autism）　81
  4 注意欠陥／多動性障害　87
  5 愛着障害　98

第3章　幼児理解の方法

1節 発達診断の方法 …… 107
  1 生育歴調査・環境調査　107
  2 観察法　108
  3 実験法　109
  4 調査法：面接法・質問紙法　109
  5 社会的測定法（ソシオメトリー）　110
  6 発達研究法　110
2節 幼児理解のための心理検査 …… 110
  1 知能検査　110
  2 発達検査　113
  3 性格検査　113

第4章　小・中学生の発達心理

1節 小学生の発達心理 …… 119
  1 身体運動発達　119
  2 知的発達　121
  3 社会的発達　123
2節 中学生の発達心理 …… 127
  1 身体運動面の発達変化　127
  2 こころの発達変化　129

第5章　小・中学生の臨床的問題

1節 児童虐待 …… 133
  1 児童虐待の現状　133
  2 虐待の種類　133

3　児童虐待の防止等に関する法律　　135
　　　4　事例研究　　136
2節　少年非行 …………………………………………………………………… 138
　　　1　少年非行の現状　　138
　　　2　少年法における非行少年　　139
　　　3　小・中学生の非行　　140
　　　4　児童自立支援施設　　141
　　　5　事例研究　　142
3節　いじめ ……………………………………………………………………… 144
　　　1　社会問題としてのいじめ　　144
　　　2　いじめの定義とタイプ　　144
　　　3　いじめの構造　　146
　　　4　事例研究　　147
4節　不登校 ……………………………………………………………………… 149
　　　1　名称の変遷　　149
　　　2　不登校の定義とタイプ　　150
　　　3　不登校児童生徒数の推移　　152
　　　4　症状と経過　　153
　　　5　原因と治療　　154
　　　6　事例研究　　154
5節　発達障害 …………………………………………………………………… 157
　　　1　学習障害　　157
　　　2　高機能自閉症・アスペルガー症候群　　163
6節　精神障害 …………………………………………………………………… 167
　　　1　神経症　　167
　　　2　境界例　　168
　　　3　統合失調症　　168
　　　4　躁うつ病　　169
　　　5　事例研究　　170

第6章　心理検査と心理療法

1節　心理検査 …………………………………………………………………… 173
　　　1　知能検査　　173
　　　2　性格検査　　174
2節　心理療法 …………………………………………………………………… 178
　　　1　カウンセリング　　178
　　　2　遊戯療法　　179
　　　3　箱庭療法　　181
　　　4　行動療法　　183

文　献　185
索　引　189

第1章 幼児の発達心理

1節 発達理解のための基礎概念

1── 発達とは何か

　時間の経過とともに，量において増大し，構造において精密化し，機能において有能化することを発達とよぶことがあるが，平山と鈴木（1993）によると，これには2つの仮定があるという。

　1つは，「発達は上昇的過程と衰退的過程に分かれる」というものであり，もう1つは「その折り返し点としての，生物にとっての完成の状態（完態）が仮定され，それを青年期におく」というものである。

　しかし，この仮定に対する反論として，すべての機能のピークが青年期にあるのではない，青年期以降の時期が単なる衰退的な過程ではない，ということがあげられる。

　このような状況から，最近では生涯発達あるいはライフサイクルという語が使用されることが多くなっている。すなわち，人間の個体としての生命活動は，受胎の瞬間から始まり死にいたるまで続くが，時間的経過の中での変化のうち，方向性を持って進行し，ある程度持続的，構造的な変化とみなし得るものを，発達というのである。

2── 人間発達の特殊性

　スイスの生物学者ポルトマン（Portmann, 1951）は，哺乳類との比較の中で，

● 表1-1 哺乳類における個体発生的関係 (Portmann, 1951)

	下等な組織体制段階	高等な組織体制段階
妊娠期間	非常に短い (たとえば20〜30日)	長い (50日以上)
1胎ごとの子の数	多い (たとえば5〜22匹)	たいてい1〜2匹 (まれに4匹)
誕生時の子の状態	「巣に座っているもの」 (就巣性)	「巣立つもの」 (離巣性)
例	多くの食虫類・齧歯類, イタチの類, 小さな肉食獣	有蹄類, アザラシ, クジラ, 擬猴類と猿類

人間が独自の存在であることを示している。

(1) 二次的就巣性

ポルトマンは表1-1のように, 鳥類について使用される就巣性 (孵化後, 長い間巣にいて自食のできないもの) と離巣性 (孵化後, ただちに飛び立つもの) の概念を用いて, 人間と他の哺乳類の新生児を比較した。

それによると, 人間の新生児は妊娠期間が長かったり, 一度に生まれる子どもの数が少ないなどの離巣性に属する性質を持ちながら, 自力ではほとんど生存できない無力な状態で生まれており, 就巣性の特徴を示す。これを二次的就巣性とよび, この特徴こそが人間という種を人間たらしめているという。

(2) 生理的早産

人間が直立歩行, 言語の使用などの種としての特徴を示し始めるのは, 生後1年を過ぎてからである。他の哺乳類では種に固有の特徴を母体内で完成させて誕生するのに対して, 人間は種としての特徴を示さず, 通常化された早産の状態であるため, 生理的早産という。また, 種としての特徴を示し始めるようになるこの1年間を子宮外胎児期とよぶ。

3 ── 発達の規定因

(1) 遺伝と環境

　発達を規定する要因として，古くは生得説や経験説によって「遺伝か環境か」という形で論争がくり広げられてきた。これに対しシュテルン（Stern, W.）は，発達は遺伝か環境かの二者択一の問題ではなく，内的素質と外的条件との相互作用，すなわち輻輳（ふくそう）によるとする輻輳説を唱えた。また，ルクセンブルガー（Luxenburger, 1943）は図 1-1 のように，遺伝と環境の影響を加算的関係（遺伝＋環境）としてとらえている。すなわち，X_1 は遺伝的要因の関与が大きく，X_2 は環境的要因の関与が大きいことを示している。

　さらにジェンセン（Jensen, 1969）は，図 1-2 のように，発達において環境

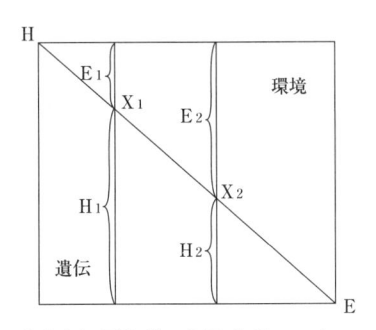

● 図 1-1　ルクセンブルガーの図式（Luxenburger, 1943）

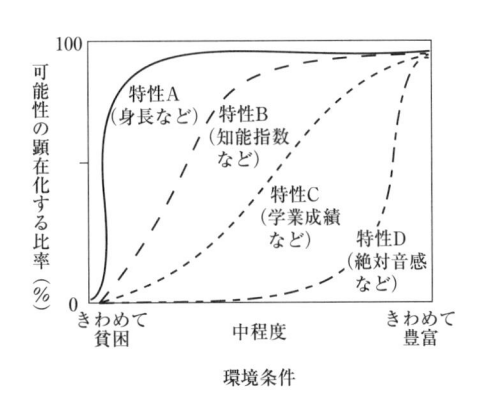

● 図 1-2　遺伝的可能性が顕在化する程度と環境の質との関係（Jensen, 1969）

は閾値要因としてはたらくとする環境閾値説を主張した。特性A（例として身長）は，いかなる環境条件下でも素質がそのまま顕在化し，遺伝によってほぼ完全に規定される場合である。特性B（例として知能指数），特性C（例として学業成績），特性D（例として絶対音感）の順に環境の影響を受けるようになり，特に特性Dは，きわめて好適な条件下で初めて可能性が顕在化し得るものである。

このように現代においては，極端な遺伝論も環境論も否定され，遺伝と環境の乗算的関係（遺伝×環境，遺伝と環境の相互作用）の視点に立っている。

(2) 成熟と学習

成熟とは遺伝によって先天的に制約されている行動変容であり，学習とは経験による行動変容である。

成熟優位説は，ゲゼル（Gesell, A.）がその代表である。双生児法による階段登り訓練などの研究から，環境要因は発達を支援し，特殊化するが，個体発生の基本的型式と系列とは環境によってつくり出されることはなく，成熟によって決まる，と述べている。

また，学習優位説はワトソン（Watson, J. B.）によって主張される。健康な1ダースの赤ん坊と，彼らを育てるための場を与えられれば，その子どもの親がどんな人であろうと，訓練して医者にでも，法律家にでも，泥棒にさえもしてみせよう，と述べている。

4 ── 発達の原理

発達の過程の共通の特徴をあげたものが，発達の原理または法則とよばれるもので，一般的なものは次のとおりである。

・発達は連続的過程である。
　　発達は連続的・漸進的過程であり，発達のある時期に生起したことは，後の発達に影響を与える。
・発達には一定の順序がある。
　　出現の速度に個人差があっても，継起の順序はほとんど変わらない。
・発達は一定の方向に生起する。

身体の上部から下部へ，中心部から末端部へ，全体から特殊へ，といった方向性がある。
・発達は周期的反復を示す。
発達の過程では，最高の成熟目標に向かう螺旋状の上昇環を描いて，似た現象が周期的に反復される。
・発達はそれぞれの領域が相互に関連して進む。
身体・運動機能が発達すると，それに伴って精神発達や社会性も促進されるように，相互関連性を示す。
・発達は分化と統合の過程である。
発達は構造や機能が，一様で未分化な状態から，多様で分化した状態に変化し，また，分化したものが統合する過程である。
・発達の速度は一定ではない。
発達の時期と領域により，発達の速度は変化する。
・発達には個人差がある。
発達には一定の順序，一定の方向があるが，発達する速度，可能性の発現する時期，達成の程度などには個人差がみられる。
・発達には臨界期が存在する。
発達の過程には，個人に決定的な影響が生じる重要な時期があり，これを臨界期という。これは，ローレンツ（Lorenz, K. Z.）の刻印づけの研究などでわかる。

5 ── 発達段階

　発達は連続的な過程ではあるが，発達の各時期に，特にある領域の変化が顕著に目立つことがある。つまり発達段階とは，この顕著性に注目して区分された段階である。しかし，本来連続的である発達プロセスに対して非連続な段階を設けるため，その功罪を理解しておく必要がある。
　どのような顕著性に注目するか，つまり区分の基準により段階の設定は異なるが，主な区分は表1-2のとおりである。

● 表1-2 発達段階の区分（田中, 1973より）

年齢	精神構造の変化による区分			特定の精神機能または行動による区分			身体的発達による区分				総合的な発達による区分	年齢
0	幼児期	第一期（客観）	身辺生活時代	口唇期	感覚運動段階		乳児期		乳児期		乳児期	0
1												1
2				肛門期								2
3	第一反抗期	第二期（主観化）			前操作的段階		児童前期		第一充実期		幼児期	3
4			想像生活時代									4
5				男根期		昔話期			第一伸長期			5
6		第三期（客観化）					(女)	(男)				6
7						寓話期					児童期	7
8	児童期			潜在期	具体的操作の段階	童話期	児童中期	(女)	(男)			8
9			知識生活時代					児童中期	第二充実期	第二充実期		9
10		第四期（主観化）										10
11												11
12	第二反抗期					物語期	児童後期		第二伸長期	第二伸長期		12
13								児童後期				13
14						青年前期						14
15		第五期（客観化）	精神生活時代	性器期	形式的操作の段階		青年前期		第三充実期		青年期	15
16	成熟期					青年中期		青年前期				16
17										第三充実期		17
18								青年中期	成熟期			18
19						文学期	思想期			成熟期		19
20							青年後期	青年後期				20
21												21
	Kroh, O.	Bühler, Ch.	牛島義友	Freud, S.	Piaget, J.	坂本一郎	Cole, L.		Stratz, C.H.			

(1) 身体的特徴による区分

　身長や体重の増加，性的徴候の変化などのような外部からとらえやすい身体発育の特徴を，段階区分の基準とする。身長体重の律動的変化や性的徴候を基準としたシュトラッツ（Stratz, C. H.）の段階区分は，その一例である。

(2) 精神的特徴による区分

①精神機能による区分

　言語・思考・描画・興味・道徳性・性的欲求などの，特定の精神機能または行動の特徴を基準にして，段階区分が行なわれる。たとえば，ピアジェ（Piaget, J.）は認知機能の発達的変化を指標とし，フロイト（Freud, S.）はリビドー（本能的欲求）充足の年齢的推移を基準にし，それぞれ発達段階を設けている。

②精神構造による区分

　発達が分化と統合（構造化）の過程であることに視点を合わせれば，精神構造の変化にみられる特徴も，段階区分の基準となる。たとえば，クロー（Kroh, O.）は反抗現象を基準とし，牛島義友は生活弁証法的に精神構造の変化をとらえ，段階区分を行なっている。

(3) 総合的な発達による区分

　全体としての個人の姿を見失わないためには，心身の諸領域の発達的特徴を総合した段階区分が必要であり，乳児期・幼児期・児童期・青年期という区分は，このような観点に立つ総合的な発達段階を示すものである。

6 ── 発達課題

　各発達段階の特徴を，その段階で習得，達成されなければならない課題としてとらえたものが，発達課題である。

　発達課題という概念を初めて提唱したのはハヴィガースト（Havighurst, 1953）であり，各発達段階にはマスターしなければならない課題があり，各段階の課題に成功すれば個人は幸福になり，その後の課題にも成功するが，失敗すれば個人は不幸になり，社会にも認められず，その後の課題の達成も困難になってくると主張した。

第1章　幼児の発達心理

● 表 1-3　発達段階（Havighurst, 1953）

発達段階	課　題
乳幼児期 （0〜5歳）	・歩行の学習 ・話すことの学習 ・固形の食事をとることの学習 ・社会や事物についての単純な概念形成 ・両親，きょうだい，他人に自己を情緒的に結びつけることの学習 ・正・不正の区別の学習と良心を発達させること
児童期 （6〜12歳）	・成長する生活体としての自己に対する健全な態度の養成（健康，清潔，安全に留意する習慣の養成） ・同年齢の友だちと仲よくすることの学習 ・男子（女子）としての正しい役割の学習 ・読み，書き，計算の基礎的技能を発達させること ・良心，道徳性，価値の尺度を発達させること ・社会的集団に対する態度を発達させること
青年期 （12〜18歳）	・自分の身体に誇りをもち，社会的に承認されている男性的（女性的）役割を受けいれること ・両親や他の成人からの情緒的独立 ・経済的独立に関する自信の確立 ・職業の選択と準備 ・結婚と家庭生活の準備 ・公民的資質に必要な知的技能と概念を発達させること ・社会的に責任のある行動を望み，それができるようになること
壮年期	・配偶者の選択 ・子どもの養育 ・家庭の管理 ・市民的責任の負担 ・適切な社会集団の発見
中年期	・一定の経済的生活水準の確立と維持 ・十代の子どもたちが幸福な大人になれるよう援助すること ・中年期の生理的変化を理解し，これに適応すること ・老年の両親への適応 ・大人の余暇活動を充実すること
老年期	・肉体的強さと健康の衰退に適応すること ・隠退と減少した収入に適応すること ・配偶者の死に適応すること ・自分と同年輩の老人たちと明るい親密な関係を確立すること

ハヴィガーストは，表1-3に示されるように，人間の発達を一連の発達課題の連続とみなしている。この発達課題の考え方の特徴は，社会的，教育的側面に重点がおかれているため，教育目標とその時期を示していることである。乳幼児期の発達課題としては，基本的生活習慣の獲得や言語，社会性の発達などがある。

また，エリクソン（Erikson, E. H.）の発達理論も発達課題説の1つであり，表1-4にフロイトとの対比で示されている。乳幼児期についてみると，次のようになる。

①信頼 vs 不信

乳児期に獲得されるべき課題は基本的信頼感であり，暖かさ，快適さ，食べ物への欲求が母親によって満たされることで達成される。しかし，これがうまくいかないと，基本的不信感が形成されてしまう。

②自律性 vs 恥，疑惑

幼児期前期に獲得されるべき課題は自律性である。親の態度しだいで自律と独立を獲得するか，または恥と懐疑の念につきまとわれるかの，どちらかである。

③自発性（積極性）vs 罪悪感

幼児期後期に獲得されるべき課題は自発性である。目的意識はここから生まれるが，これに失敗すると罪悪感につきまとわれることになる。

● 表1-4　フロイトとエリクソンの発達段階

年　齢	フロイト	エリクソン
0～1歳，1歳半	口唇期	信頼−不信
1～3, 4歳	肛門期	自律性−恥，疑惑
3, 4～5, 6歳	男根期（エディプス期）	積極性−罪悪感
5, 6～12歳	潜在期	生産性−劣等感
13～20歳	性器期	同一性−同一性拡散
(20～30歳)	(初期成人期)	親密・連帯−孤立
(30～60歳)	(成人期)	生殖性−停滞
(60歳以上)	(成熟期)	統合性−絶望

2節　身体運動発達

1 ── 身体発達

　乳幼児期の身体発達は，その後のどの時期よりも急速な伸びを示す。たとえば出生後の1年間をみると，体重は約3倍に，身長も約1.5倍に増加する。

　その後は，シュトラッツの発達段階のように，身長発育の著しい時期（伸長期）と体重増加の著しい時期（充実期）とが，周期的にくり返されることが多い。

　こうして乳幼児期以降，安定して発達する身体は，小学生になると特に安定し，頭の大きい幼児的体型から児童的体型へ変化していく。

　また，身体各部は異なった速度で発達し，図1-3のように徐々に身体各部のつり合いは成人に近づいていく。

　身体各部の割合の変化をみると，出生から成人になるまでに，頭部は2倍に，胴部は3倍に，腕部は4倍に，脚部は5倍にもなる。

　発達の方向としては，頭部の発達が一番早く，次に胴が，最後に脚というように，身体の上部が下部より先に成熟し機能するようになる。

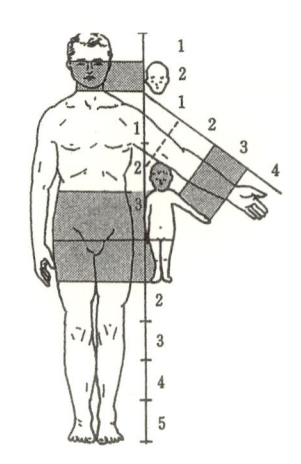

● 図1-3　発達による身体各部の割合の変化（Hurlock, 1964）

2 ── 運動発達

(1) 新生児の反射運動

　新生児期には，外からの刺激に対して非随意的に運動が生じるが，この反射はその後の行動の基礎となり，乳児の成長とともに消失していくものである。したがって，現われるべき反射が現われなかったり，遅くまで残っている場合は，発達異常を考える必要がある。

　よく知られている反射運動には，以下のものがある。

　＜バビンスキー反射＞
　　足の裏をくすぐると指を扇のように広げる。1年前後で消える。
　＜把握反射＞
　　手のひらに触れるとしっかりつかむ。4か月ごろ消える。
　＜モロー反射＞
　　足を持って急に体を持ち上げると，両腕を広げ抱きつくようにする。3か月ごろ消える。
　＜直立反射＞
　　体を支えて平らな板の上に立たせると，足を連続的に屈伸する。3か月ごろ消える。

(2) 全身運動の発達

　発達の初期では，運動発達も身体発達とともに非常に早く進む。図1-4はシャーレイ（Shirley, 1933）が示したものであるが，歩行運動の習得までに一定の順序がみられる。

　遠城寺式・乳幼児分析的発達検査などを参考に，各運動機能が可能なものの割合が80～90％以上の年齢を示すと，表1-5のようになる。

　まず，頭と首の筋肉が自由に動かせるようになり，頭をまっすぐに保つことから始まり，一連の予備的段階を通過して，ひとり歩きの能力が習得される。しかし，1つの段階から次の段階への移行はけっして円滑ではなく，時には前の段階へ退行することもある。

　次に，幼児期に習得される運動機能について示すと，表1-6のようになる。

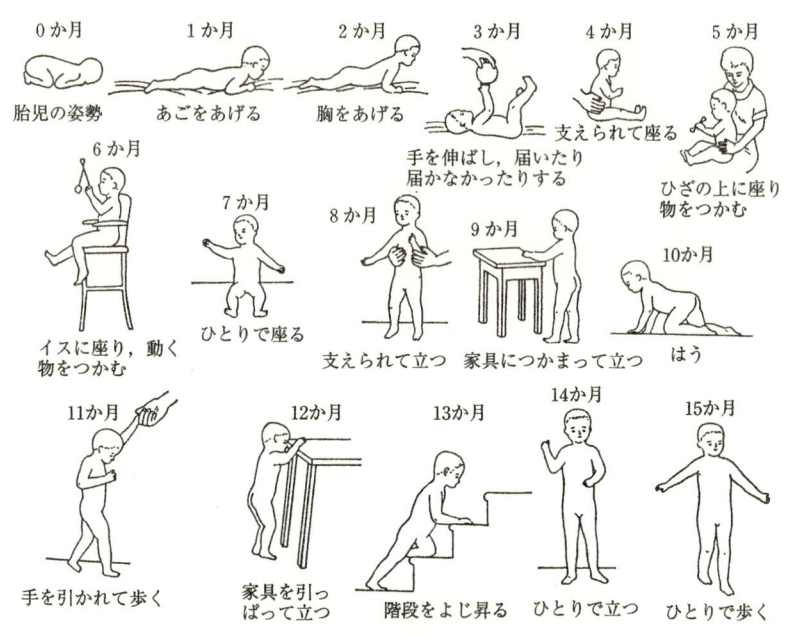

● 図1-4　乳児の全身運動の発達（Shirley, 1933）

● 表1-5　運動機能の発達年齢

首のすわり	4～5か月
寝返り	6～7か月
ひとり座り	8～9か月
はいはい（高ばい）	10～11か月
つかまり立ち	10～11か月
つたい歩き	12～13か月
ひとり歩き	15～16か月（1歳前半）
小走り	18～20か月（1歳後半）
階段昇り（両足そろえて）	21～23か月（1歳後半）
階段昇り（両足交互に）	30～32か月（2歳後半）

● 表 1-6　幼児期の運動機能

両足でぴょんぴょんとぶ	27〜29か月（2歳前半）
片足で2〜3秒立つ	40〜43か月（3歳後半）
両足をそろえて前にとぶ	48〜51か月（4歳前半）
片足で数歩とぶ	48〜51か月（4歳前半）
スキップが数回できる	60か月以上（5歳以上）

ここで重要なことは，1つの技術や1つの段階の習得がよくできないうちに，より精巧な筋肉の協応を必要とする技術を学ばせることは不可能ということである。

(3) 手の運動の発達

身体発達の法則には，「上部から下部へ」とともに，「中心から末端へ」「全体から特殊へ」という方向性があるが，そのことは手による物の操作の発達に最もよくみることができる。

生後3か月を過ぎると，口と目との協応や，目と手の協応動作が可能となり，徐々に探索行動を示すようになる。

図 1-5 はハルバーソン（Halverson, 1931）による把握動作の10の発達段階である。把握反射は4か月で消え，5か月で手渡された物を受け取ることができるようになる。7〜8か月で2つの物が両手でつかめ，9か月では人差し指と親指を一緒に動かし，小さい物もつかめるようになる。

幼児期の手の運動については，描画行動の発達をみることにする。図形の模写は，形態認知にかかわることであるが，手の操作が基本である。

遠城寺式・乳幼児分析的発達検査，新版 K 式発達検査を参考に，図形の模写について75％以上の通過年齢を示したのが，表 1-7 である。

鉛筆を握らせると，紙に突き当てるようにすることから，1歳を過ぎるとなぐり描きをするようになる。1歳後半になるとぐるぐる丸をまねて描くようになり，徐々に線から形を描くことができるようになるが，斜めの線のある三角形，菱形は難しく，5〜6歳で可能になる。

第1章　幼児の発達心理

16週　物に触れず　　20週　触れるだけ　　20週　握る　　24週　握る

28週　てのひらで握る　　　　32週　てのひらでよく握る

36週　指でつかむ　　52週　指でつまむ　　52週　指でつまむ

● 図 1-5　つかみ方の発達（Halverson, 1931）

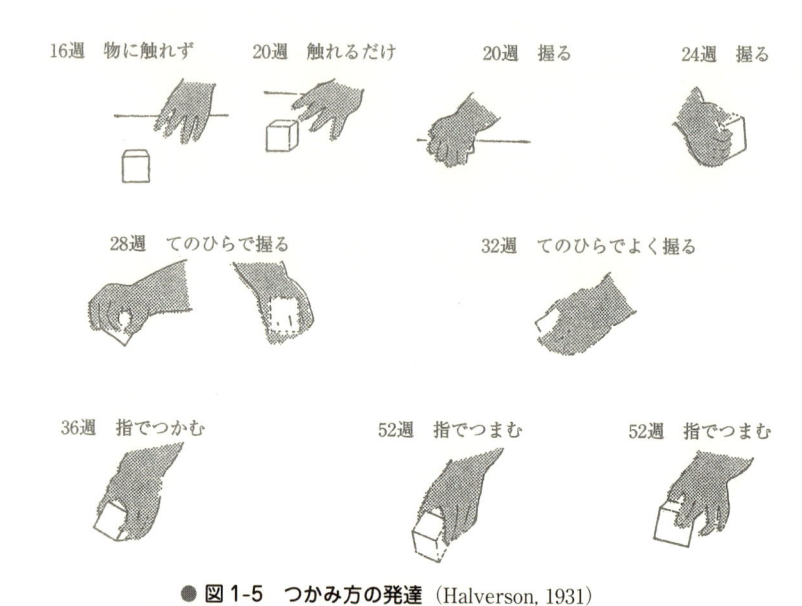

● 表 1-7　描画行動の発達

なぐり描き	15か月（1歳前半）
円錯画	23か月（1歳後半）
横線	29か月（2歳前半）
縦線	29か月（2歳前半）
円	35か月（2歳後半）
十字	39か月（3歳前半）
正方形	53か月（4歳前半）
三角形	62か月（5歳前半）
菱形	82か月（6歳後半）

3 ── 基本的生活習慣の形成

子どもは、これからの成長後に生活する社会の持つ一定の文化の型に適応しなければならない。この文化適応の第一歩として、乳幼児期には、自分の生活を心身ともに健康で調和的に発達させていくことができるような基本的生活様式・技術を身につける必要があるが、これが基本的生活習慣である。

移動運動や手の操作のような基礎的運動ができるようになることは、子どもが家庭生活への文化適応に対して、十分レディネスができたことを意味する。

生活習慣はたくさんあるが、特に食事・睡眠・排泄・着衣・清潔の5つを基本的生活習慣とよぶ。

基本的生活習慣の一般的発達の順序は、表1-8に示すとおりである。

こうした生活習慣の発達は広い領域を含んでおり、この領域の発達ほど、行きつ戻りつ進歩と後退がはっきり現われる領域はないし、個人差も大きい。それは、生活習慣という行動の学習に必要な神経学的組織が非常に複雑で、何かの圧迫が加わると退行現象が起こりやすいからである。いずれにしても、生活習慣形成にとっては練習が大切であるが、それを始める時期および動機づけを考えなければならない。

● 表1-8 生活習慣形成の標準年齢 (西本, 1964)

年齢	生活習慣の型
1:0	スプーンの使用、茶わんを持って飲む、排便を知らせる
1:6	便意を予告する、昼のおむつ不要
2:0	ひとりで脱ごうとする、くつをはく
2:6	スプーンと茶わんを両手に使う、食事のあいさつ、夜のおむつ不要、ひとりで着ようとする、手を洗う
3:0	はしの使用、帽子をかぶる
3:6	だいたいこぼさずに食べる、小便自立、パンツをはく、くつ下をはく
4:0	食事の完全な自立、寝るときのあいさつ、大便自立、前のボタンをかける、ひとりで脱ぐ、両袖をとおす、口をゆすぐ、うがいをする、歯みがきをする、顔を洗う、鼻をかむ、髪をとかす
4:6	大便の完全自立 (紙の使用)、ひとりで着る
5:0	寝まきに着がえる、タイツをはく
5:6	ひもを堅結びする

3節　知的発達

1 ── 知覚の発達

(1) 新生児・乳児の視覚

ファンツ（Fantz, 1961）は，図 1-6 のような装置を使って乳児を観察した。観察者は，その天井に作られたのぞき穴から乳児の目を注視し，乳児が2つの刺激図形のうち，どちらの図形をどのくらいの時間凝視するかを，眼球の動きによって観察し記録した。

その結果，図 1-7，図 1-8 に示すように，人の顔を図式的に描いたものを注視した時間が最も長く，色だけの図形はほとんど見られなかった。このことから，乳児は単純な刺激よりも複雑で変化のある刺激，見慣れたものよりも新奇なものを好むことがわかる。また，乳児の月齢の差があまり認められなかったことから，学習によらない傾向があることが推定される。

次に，ギブソンとウォーク（Gibson & Walk, 1960）は，視覚的断崖装置とよばれる実験装置を作り，生後6か月半から14か月までの乳児36人に知覚の

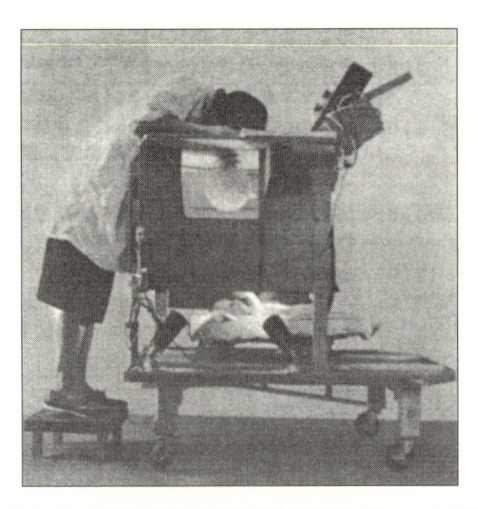

● 図1-6　図柄と明暗の選択の実験装置（Fantz, 1961）

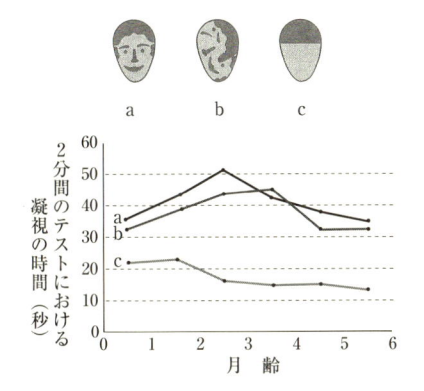

● 図1-7 人の顔の知覚（Fantz, 1961）

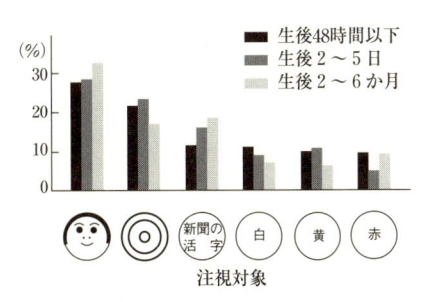

● 図1-8 図形パターンに対する乳児の好み（Fantz, 1961）

実験を行なった。

　図1-9のように乳児が上に乗っても安全な，厚くて丈夫なガラスを張り，中央部にはガラスの上に幅30cmの板を渡し，その板から半分は格子模様をガラスのすぐ下に張り，残り半分は何も張らず下が見通せるようになっている。この透明なガラスからは1m下方に敷かれた格子模様が見えるようにしてある。

　この装置の中央のところに乳児をおいて，母親が格子模様の張ってあるほうの端から声をかけると，乳児はすぐ這って行く。しかし，床がずっと深く見える（断崖の）ほうから呼んでも這って行こうとしない（27人中24人）。乳児のうち9人は全く這って行かなかったが，その乳児たちはまだ十分に這える状

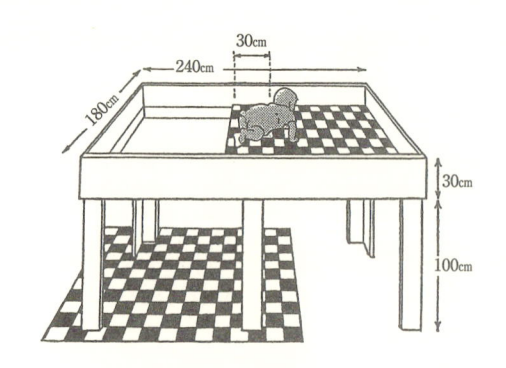

● 図1-9　視覚的断崖の模擬装置（Gibson & Walk, 1960）

態にまで発達していなかったようである。また，残り3人はどちらにも這って行かなかった。また，この断崖の深さを，25cm，50cm，1mと変えてみたところ，深くなるほど這うことを拒否する傾向がみられた。

　この実験によって，這うことができるようになった乳児は，学習することなく断崖を知覚し避ける傾向があることが確かめられ，知覚の成立が，成熟と学習の相互作用によることがわかる。

(2) 幼児の知覚の特徴

　幼児の知覚の発達は著しいが，まだ未分化である。形，大きさなどの知覚は不正確で，しかも不安定である。

　また，幼児の知覚は，成人とは質的に違った特徴を持っている。すなわち，量的に劣るだけではなく，子どもから大人への発達は，質的な転換なのである。したがって，子どもだけに認められる特徴を知り，子どもと大人の質的な違いを知ることが必要である。

①相貌的知覚

　幼児の外界のとらえ方に相貌的知覚があるが，これはウェルナー（Werner, 1948）によって名づけられたものである。

　相貌とは顔形ということで，何を見ても人間のような顔形や表情を感じることである。たとえば，コップが転がっているのを見て，「コップがおねんねし

ている」とか，割れたお皿を見て，「かわいそう。痛かっただろうね」と言ったり，風に揺れ動いている木の枝を見て，「寒くて震えている」と感じるのもそれに該当する。

このように幼児はものごとを客観的にとらえられず，自分の感じたことを加えて感情的・主観的にとらえる見方をする。

②アニミズム

幼児は，生物と無生物とを区別することができないため，すべての事物は人間（自分）と同じように生きており，自分と同じように感じ，考え，話すと思っている。これをピアジェはアニミズムとよんだ。

ピアジェによると，アニミズムは次のような段階を経ていくと言われる。
・すべてのものが自分と同じようにこころを持っている（4～6歳）。
・動くものはすべて生きている（6～8歳）。
・自分の力で動くものにだけ生命を感じる（8～10歳）。
・動物，または動物と植物だけに生命を認める（11歳以降）。

したがって，椅子よりも時計に，事物よりも自然物・自然現象に生きていると感じるアニミズムはみられる。

アニミズムは，子どもの知覚や感情が複合し，自己と他者がはっきり区別されないことによると考えられる。小学校高学年ごろからみられる擬人的・比喩的表現とは質的に異なるものである。

③共感覚

共感覚も知覚の未分化性を示すもので，幼児期から児童期にかけて多くみられる。これは，ある刺激を受けて，本来生じるはずの感覚だけでなく，他の感覚まで生じることをいう。つまり，1つの刺激によって2つ以上の感覚が同時に生じることである。

最も多いのは，音と色の結びつきで，たとえばピアノの音を聞くと，その音だけでなく，同時に色が見えるという現象を色聴という。同じ赤い色が高音を聞くと橙色に感じられ，低音では深紅色に変わるといったように，高音－明色，低音－暗色の傾向がある。「黄色い声」という表現も，同じような意味である。

また，色と寒暖も共感覚である。たとえば2つのビーカーの中に，一方には赤く，他方には青く着色した同温度の湯を同量注ぎ入れる。両方のビーカーを

同時に見ながら指を入れさせて、それぞれの温度を比較させると、ほとんどの幼児が赤い湯のほうを温かいと答える。このように、赤色系統を暖かく、青色系統を寒く感じる傾向がある。

この他にも、音と硬さ、味と色などに共感覚がみられる。

④図形知覚

勝井（1959）は、図 1-10 のような図形を用いて、標準図形と同じ物を選択させる方法で、大小、形、方向の知覚の発達を調べた。

これによると、形を正しく知覚する能力が最も早く発達し（3歳で89.7%、4歳で100%）、次いで大小の知覚、方向の知覚の順であり、方向は4歳で約50%の誤りがあった。特に左右の鏡映像関係の誤りが多かった。

また、田中（1963）は、図 1-11 のような小さな円と三角形、合計3個から

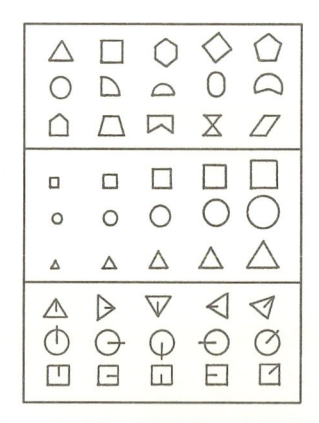

●図 1-10　大小・形・方向知覚の使用図形（勝井，1959）

●図 1-11　図形知覚の発達の使用図形（田中，1963）

3節　知的発達

なる図形を用いて，標準図形と同じ物を選択させる方法で発達を調べた。その結果は図1-12で示されたように，3〜4歳から6〜7歳にかけて正確度は急速に発達し，8〜9歳ごろに成人に近くなる。

文字の知覚についても，図形と同様のことがいえる。デヴィッドソン（Davidson, 1935）は，裏返したり上下逆に見たりすると違った文字となるb・d・p・qの4つの文字を使って，幼稚園児と小学1年生に対して抹消検査を行ない，文字の知覚について調べた。その結果は表1-9のように，b‐d，p‐qの誤りが，幼稚園児で80％以上，小学1年生で60％以上と高率を示した。

また，4，5歳の幼児では，図形を逆に描いたり，鏡文字といって文字や数字を裏返しに書いたりする特徴が認められる。

以上のことは，小学校に入学すると学習効果や眼球走査の発達によって，急激に減少していく。

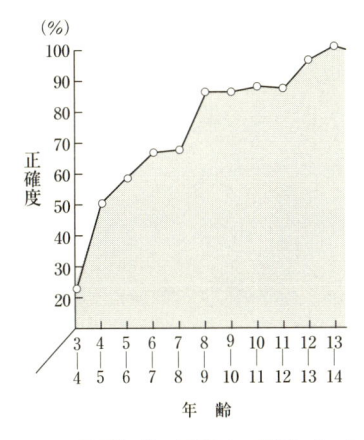

● 図1-12　図形知覚の正確度の発達（田中，1963）

● 表1-9　b・d・p・qの抹消検査で誤った子どもの割合（Davidson, 1935）

対象児＼文字	d‐b	d‐p	d‐q	b‐q	b‐p	q‐p	q‐b	q‐d	b‐d
幼稚園幼児	93.0	50.0	35.0	40.0	42.0	96.0	43.0	27.0	87.0
小学1年生	65.0	19.0	13.0	19.0	15.0	62.0	11.0	13.0	60.0

右側の文字が誤った文字，dを消すのに誤ってbを消した子どもの割合（％）

2 ── 言語の発達

(1) 言葉の発達段階

　言葉の発達段階は，言葉が話せるようになるまでの時期と，言葉が話せるようになってからの時期に分けることができる。

　前者は，「マンマ」「ブーブー」といった片言がしゃべれるようになるまでの時期である。乳児は生後3か月ごろから，機嫌のよいときに不明瞭な音声を出すようになる。この何度となくくり返される意味のない音声を喃語というが，これによって発声器官が発達する。

　後者については，以下のように発達段階を区分することができる。

①片言期（1歳～1歳半ごろまで）
　1語文の時期であり，1つの単語で1つの文章としてのはたらき，意味を持っている。

②命名期（1歳半～2歳ごろ）
　第一質問期ともいわれ，物に名前があることを知り，「これ，なあに？」と物の名前をさかんに質問する時期である。使える単語の数が急激に増加し，2語文を話すようになる。

③羅列期（2歳～2歳半）
　使える語が増え，かなり自由に話せるようになるが，文章の形式からは，短い文章の羅列というより語の羅列である。

④模倣期（2歳半～3歳ごろ）
　成人の言葉を模倣する時期である。第二質問期ともいわれ，因果関係がわかり始め，「なぜ？」「どうして？」という質問が増える。

⑤成熟期（3歳～4歳ごろ）
　日常生活で不便のない程度になり，話し言葉は一応できあがる。

⑥多弁期（4歳ごろ～）
　話し言葉の基礎的な能力が一応身について，生活空間の増大によって経験も豊かになるので，とてもよくしゃべるようになる。また，この時期には，まとまった話を聞くことを楽しむようになる。

⑦適応期（5歳ごろ～）

自己中心的なおしゃべりから，話し相手によって話す内容を変えたり，質問に答えたりして，相手に合わせて話せるようになる。

(2) 自己中心的言語

ピアジェは，幼児が遊びの中で話した言語を記録し分析した。その結果，表1-10のように，話し言葉を自己中心的言語と社会的言語の2つに分類した。

ピアジェによると，自己中心的言語は3〜5歳児の言語の50％以上を占め，その後は徐々に減少し，社会的言語が増加していく。7歳を過ぎると，その減り方は著しいという。

したがって，幼児の言語の約半分は非社会的ということになる。このピアジェの考えに対して，異を唱えたのがヴィゴツキー（Vygotsky, L. S.）である。彼によると，「言語はもともと伝達を目的とする社会的交渉の道具であるが，幼児はまだ言語と思考とが分化していないため，ものを考えるときにも言語として外に表わしてしまう」というのである。

ヴィゴツキーは，本来ならば思考のための言語は内言として外に表われないのであるが，幼児はその思考が未分化であるためにひとりごととして表われると考えた。そこで，自己中心的言語が，幼児のおかれた場面によって表われる

● 表1-10　幼児の言語 （Piaget, 1926）

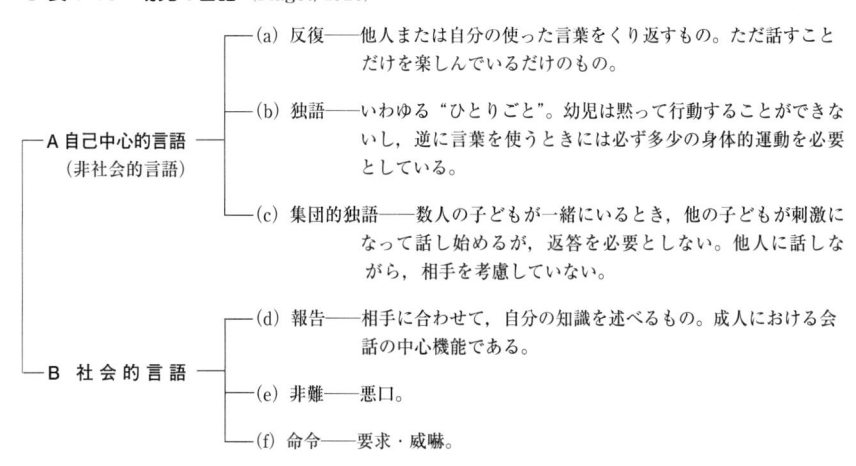

- A 自己中心的言語（非社会的言語）
  - (a) 反復——他人または自分の使った言葉をくり返すもの。ただ話すことだけを楽しんでいるだけのもの。
  - (b) 独語——いわゆる"ひとりごと"。幼児は黙って行動することができないし，逆に言葉を使うときには必ず多少の身体的運動を必要としている。
  - (c) 集団的独語——数人の子どもが一緒にいるとき，他の子どもが刺激になって話し始めるが，返答を必要としない。他人に話しながら，相手を考慮していない。
- B 社会的言語
  - (d) 報告——相手に合わせて，自分の知識を述べるもの。成人における会話の中心機能である。
  - (e) 非難——悪口。
  - (f) 命令——要求・威嚇。

度合いが変わることを主張した。そして，幼児にとって解決の困難な場面では，自己中心的言語が2倍になることを実証し，明らかにした。

以上のことから，ヴィゴツキーは，言語は初めから社会的状況の中で学習し，発達していくものだと考え，ピアジェの「自己中心的言語から社会的言語へ」という言語発達の方向とは逆に，「社会的なものから自己中心的なものへ」の方向をとると主張したのである。

子どもは，相手に話しかけられ話し返すという社会的な話し行動から出発し，社会的伝達（外言）から自己に対する話しかけ（内言）へと発達し，この内言の発達は5～6歳から始まるといわれている。

(3) 語彙と発音の発達

表1-11に示されるように，語彙は1～4歳で急激に増加する。平均語彙数は，1歳のときが2～3語，1歳6か月で約10倍の20～30語，2歳でさらに10倍の200～300語に増加し，3歳では800語以上，4歳では1,500語以上になる。

増えるのは名詞だけでなく，動詞，形容詞，副詞なども着実に増加し，増加が著しい時期には，1語文から2語文へ，2語文から3語文（多語文）へと，

● 表1-11　品詞別による語彙の発達（久保，1922）

	2歳	3歳	4歳	5歳	6歳
名　詞	165	461	981	1,237	1,364
代名詞	7	19	23	25	29
動　詞	51	179	301	366	403
形容詞	20	50	86	98	116
助動詞	11	33	47	50	56
副　詞	24	64	129	154	186
接続詞	2	5	10	12	18
助　詞	3	44	66	76	86
感動詞	12	31	32	32	33
計	295	886	1,675	2,050	2,289
年間増加		591	789	375	239

● 表 1-12　幼児にみられる発達の乱れ（成田・飯田，1981）

①省略	④子音の入れかわり
1音の省略：ヒコーキ→コーキ 　　　　　洗って→アッテ 音節の省略：いってらっしゃい→イッチャイ 　　　　　ちょうだい→チャイ 子音の省略：あれ（are）→アエ（ae） 　　　　　ゆうびん→ウービン 　　　　　なるほど→ナウホド	ら行→ヤ行：たらい→タヤイ 　　　　　辛い→カヤイ ら行←→ダ行：子ども→コロモ 　　　　　ろうそく→ドウソク さ行→タ行：おさかな→オタカナ 　　　　　せんせい→テンテイ ちゃ行→タ行：ちゃわん→タワン 　　　　　ちょうちん→トーチン
②乱れ音	⑤音の入れかわり
いただきます→イタキリマス あそぼう→アボショウ	子ども→コモド ねずみ→ネミズ てぬぐい→テグヌイ とだな→トナダ からだ→カダラ
③チ音化	⑥音の添加
さ行→チャ行：おさかな→オチャカナ 　　　　　おかし→オカチ 　　　　　せんせい→チェンチェイ タ行→チャ行：いつつ→イチュチュ 　　　　　たくさん→チャクチャン その他：　母さん→チャーチャン	お盆→オンボン パン→パンパン

注目すべき変化が表われる。

　次に，表 1-12 に示されるように，幼児の使う言葉には，種々の発音の乱れがみられる。最も多いのは，サ行におけるチ音化（例：おさかな→オチャカナ）と子音の入れ替わり（例：おさかな→オタカナ）である。

　幼児が正しく発音できない構音未熟の原因としては，①発声器官（喉，舌，唇など）を思うように動かせないといったように機能が未熟であること，②大人の発音する言葉を正確に聞き取れず，間違った受け取り方をすること，の2つがあげられるが，5歳になると一応正しい発音ができるようになる。

　ただし，4〜5歳になっても，発音不明瞭で聞き取りにくく，構音障害と診断された場合には，言語聴覚士（speech-language-hearing therapist: ST）の指示に従って子どもとかかわる必要がある。

3 ── 思考の発達

(1) ピアジェの発達段階説

子どもの知的発達についての最も体系的な理論として，図1-13で示されたピアジェの思考（認識）の発達段階説がある。このうち乳児期は感覚運動的段階，幼児期は前操作的思考の段階と言われている。

乳児期の感覚運動的段階の特徴は，自分の手や体を動かして，目や耳の感覚で確かめるというやり方で循環反応をすることである。生得的な反射運動を基礎として，刺激と反応の結びつきによって新しい行動を発達させていく時期であり，6つの段階に分けられる。

次の幼児期の前操作的思考の段階のこの「操作」とはこころの中で考え，外界の事象をうまく処理できるようになっていくことであるが，「前操作」とは目に見える形によって思考が影響を受けるため，1つのまとまった操作になっていないことを言う。この前操作的思考の段階は，自己中心的思考の段階であり，前概念的思考の段階と直観的思考の段階に区分される。

①前概念的思考の段階（2〜4歳ごろ）

大人の言葉はある概念をさすが，幼児の言葉は，ある対象をさしてはいるが，抽象性・一般性を持っていない具体的なものである。これを前概念という。たとえば，「ワンワン」と言うときは，一般的な犬をさすのではなく，実際に知っ

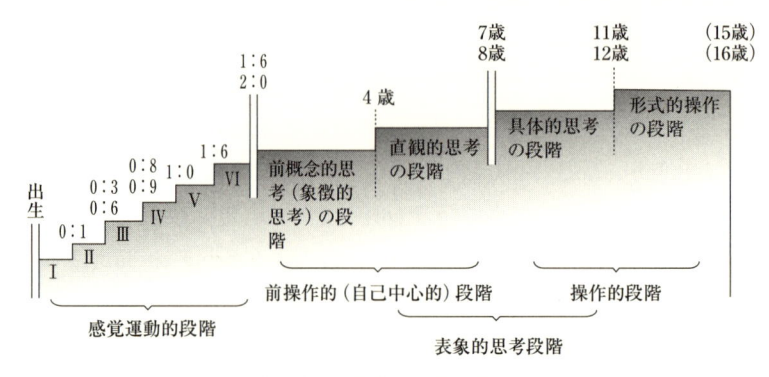

● 図1-13　ピアジェの認識の発達段階　（Piaget, 1947）

ている特定の犬（自分の家の犬など）のことである。

②直観的思考の段階（4〜7, 8歳）

この時期の特徴は，思考に対する知覚の優位性（見かけにとらわれる思考），保存や可逆性の未成立などである。

(2) 保存の実験

ピアジェは，子どもの思考を研究するために臨床法とよばれる研究法によって，子どもの独特な考え方を明らかにしている。ここでは，そのうちの量の保存と数の保存についてみることにする。

①量の保存

図1-14のように，一方の容器の水を他の形の容器に移し替えて水面が前より高くなると，幼児は水の量が増えたと判断してしまう。すなわち，自分にとって知覚的に目立つ1つの特徴（次元）で判断してしまい，水位は高くなっても底面積が狭くなるから同じだと，同時に2つの次元を考慮することができない。これは，直観的思考の特徴であり，保存性が理解できないためである。

②数の保存

図1-15のように，子どもの前に同じ数の卵と卵立てを置き，両方が同じ数

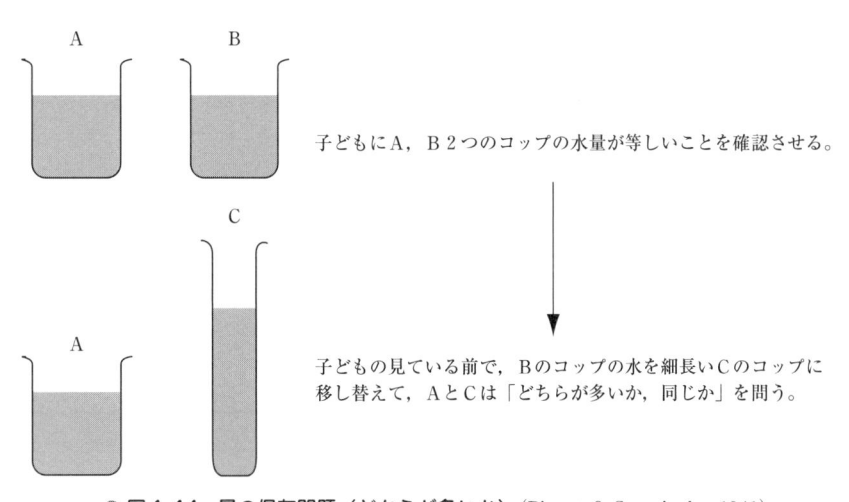

子どもにA，B2つのコップの水量が等しいことを確認させる。

子どもの見ている前で，Bのコップの水を細長いCのコップに移し替えて，AとCは「どちらが多いか，同じか」を問う。

● 図1-14　量の保存問題（どちらが多いか）（Piaget & Szeminska, 1941）

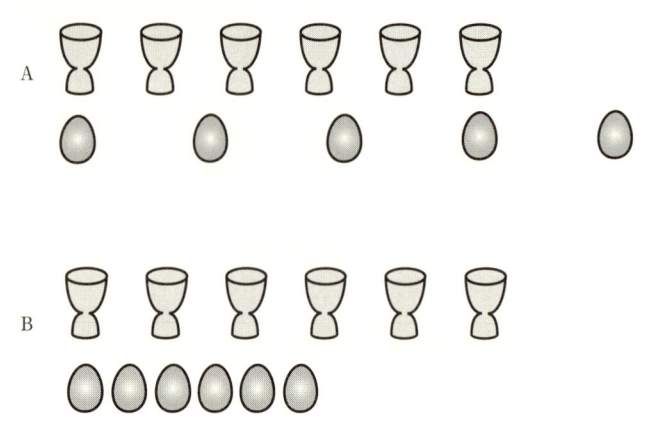

● 図1-15　数の保存（どちらが多いか）（Piaget & Szeminska, 1941）

であることを子どもに確認させる。次に，Aのように卵の間隔を広げて，どちらが多いかを聞くと，子どもは卵のほうが多いと答える。同様に，Bのように卵の間隔を狭めて，どちらが多いかを聞くと，卵立てのほうが多いと答える。すなわち，同じ数でも並べ方を変えると数が違って見えてしまうのである。これは形や長さに関係なく，数は一定であるという保存がまだ獲得されていないためである。

(3) 幼児の世界観

　幼児は自他が十分に分化していないため，他者の立場に立つことができずに，何事も自分の観点から考えてしまう。ピアジェはこのような特徴を「自己中心性」とよんでいる。

　たとえば，向かい合っている人の左右が，自分の左右と逆になることに気づかないのも他者の視点の欠如を示している。また，図1-16のピアジェによる「3つの山問題」でも明らかである。これは，A地点で正面に見える3つの山が，B地点，C地点，D地点からはどう見えるかを子どもに問うものである。田中（1968）はピアジェの実験の追試を行なっているが，その結果は図1-17のように，保育園児（平均5歳9か月）でB地点，C地点が30％弱，D地点が10％強の正答率であり，幼児では視点を変えるとこの問題は難しいことがわかる。

3節　知的発達

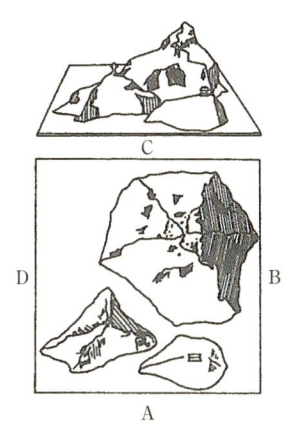

● 図1-16　ピアジェの3つの山（Piaget, 1956）

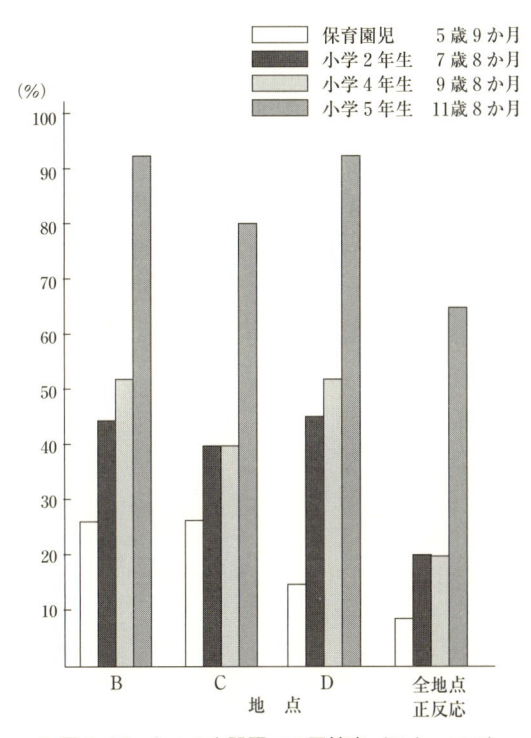

● 図1-17　3つの山問題での正答率（田中, 1968）

幼児の自己中心性は、客観的な外界の認識においてもみられ、主観と客観が未分化なために、汎心論（アニミズム）、実念論、人工論という特有な世界観となって現われる。

①汎心論（アニミズム）

前述したように、幼児は世の中のすべてのものがこころを持ち、生きていると考える。太陽や月が笑ったり泣いたりしても、不思議に思わない。人間（自分）と同じように感じ、考え、話し、活動すると考える。

②実念論

思考・言語・夢など、こころの中で考えたことや思ったことが、現実の世界でも実在したり、実現すると考える。たとえば、夢は外から部屋の中に入ってくると思っていて、夢と現実の区別がつかない。

③人工論

世の中のすべてのものは、自然現象も含め、人間がつくったものであり、またつくれるものだと考える。魔法やまじないを信じるのも、このためである。

(4) 抽象作用と概念形成

多くの具体的なものから共通の要素を抜き出して、新たに構成された枠組みが概念であり、そのものの本質を表わす。したがって、多くのものから共通なものを抜き出す抽象作用が可能にならなければ、概念形成は困難である。

抽象作用の発達は、鈴木ビネー式知能検査にあるように、「リンゴとナシ」「船と自動車」といった2つ以上の物の類似点を答えさせることによって知ることができる。

また、色と形を用いた分類実験によっても明らかにできる。それによると、3歳を過ぎるとなんとか分類が可能になり、年少の子どもほど色が手がかりとして選ばれ、年長になると形が手がかりになる傾向が認められる。

山口（1979）は、表1-13のような12枚の絵単語を使い、幼児に同じ仲間になるものを集めさせた。その際、統制群に対しては、「これはツバメです」「これはリンゴです」というように事例名辞のみを、教示群に対しては、「ツバメは鳥で動物です」「リンゴは果物で食べ物です」というように下位概念名辞と上位概念名辞の両方を教示した。その結果、4,5歳児では教示の援助がない

● 表 1-13　分類課題の刺激材料（山口，1979）

上位概念	下位概念	事　例		
動物	鳥	ツバメ	ツル	アヒル
	虫	トンボ	セミ	バッタ
食べ物	果物	リンゴ	ミカン	バナナ
	野菜	ダイコン	ニンジン	ハクサイ

場合も，下位概念による分類をある程度行なうことができ，上位概念による分類のみが促進されることが明らかになった。このことから，概念形成は下位から上位へと進むことがわかる。

4節　情緒的発達

1 ── 情緒とは何か

　情緒は，心理学において最も遅れた研究分野の1つであり，そのため何をもって情緒とするのかの定義づけは難しい。しかし，情緒は他の感情に比べて，一時的な強く激しい心理状態であり，ある種の生理的変化や特徴ある行動を伴う状態であると言えよう。このようなことから，情緒は情動とも言われている。
　情緒に伴って起こる生理的変化は，かなりはっきりと測定できるため，研究の進みにくい情緒のうちでは，一番研究の進んでいる分野である。
　人が緊張したとき，皮膚は冷や汗を出すが，これはGSR（電気皮膚反射）としてとらえられる。それは，汗腺の自律神経が心理的緊張を起こすと反射を起こし，皮膚の電気抵抗を減らすからである。うそ発見器（ポリグラフ）は，この反射を利用して犯罪の真偽判別に役立っている。
　分泌液は怒り・驚き・喜びが生じたとき分泌され，心臓の鼓動は激しくなる。反対に，恐れ・悲しみ・不安が生じると，鼓動は弱くなり，顔面蒼白，脈白は弱く，分泌液の分泌は止まる。心電図（ECG, EKG）は，心臓の拍動に伴う心

31

筋の活動を記録したものである。

また血液は，怒りや不安の場合は消化器系よりも脳や骨格筋に集中する傾向があり，喜びや快の場合は消化器系に多く集まる。頻尿も，恐れや不安の現われである。

2 —— 情緒の分化図式

乳児の情緒的反応はきわめて未分化であるが，ブリッジェス（Bridges, 1932）は，施設に入所している0〜2歳までの乳幼児を対象として調べ，図1-18のように情緒の分化をまとめている。

誕生直後では，一般的な興奮状態がみられるだけであるが，3か月たつと，快と不快に分化する。3〜6か月の間に，不快はさらに分化して，怒り・嫌悪・恐れの情緒が現われる。12か月になると，快はさらに得意・愛情に分化して，子どもの情緒の内容は豊富になる。12〜18か月の間では嫉妬が現われ，愛情も子どもに対するものと成人に対するものとの区別をするようになる。さらに24か月までに喜びの情緒が分化する。

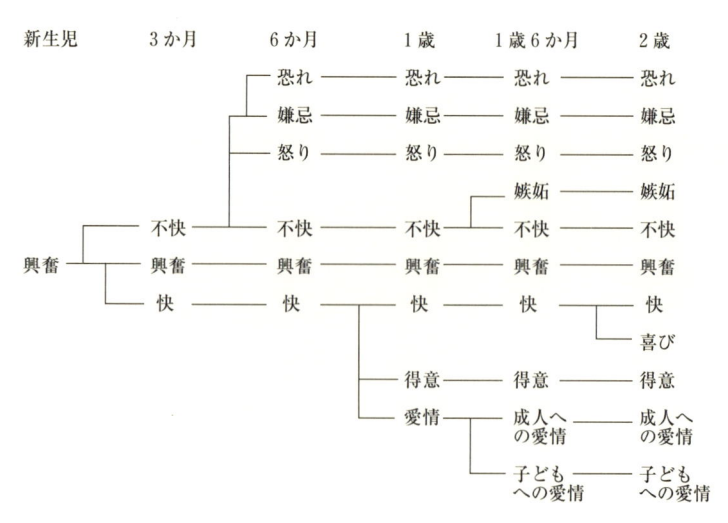

● 図1-18　情緒の分化図式（Bridges, 1932）

3 ── おもな情緒の発達

(1) 恐　れ

　恐れは，自分に危険や脅威を与えると思われる対象から遠ざかり，これを回避しようとする状態である。

　恐れの大部分は，幼児が何かこわい体験をした結果として生じる。そしてしだいに，幽霊，死，殺人といった想像上の刺激に対しても恐れを感じるようになる。

　恐れをなくす方法としてはいろいろなものが考えられるが，次の方法が有効である。

- 恐れの対象は，実際にはそんなに恐ろしいものではないことを物語などによって説明し，恐れの対象への認識を変えさせる。
- 恐れの対象に，他人が愛情を持って接しているのを見せて，その行動を模倣させる。
- 恐ろしい対象と好きな対象を一緒に見せたり，恐れの対象を短時間ずつ何度も見せて，慣れを生じさせる。

(2) 怒　り

　幼児の怒りは，足を踏み鳴らしたり，物を投げたり，ヒステリックに泣きわめいたりという行動，すなわち，かんしゃくという行動で表現される場合が多い。

　しかし，怒りに対する社会的非難や罰は強く，子ども自身もかんしゃくのような形で自分の要求を通そうとすることは，あまり有効な手段ではないと知るようになる。そのため，しだいにかんしゃくの表出はコントロールされ，むっつりしたり，すねたり，しくしく泣いたりといった形で，怒りの情緒を表出する。

　また，嫉妬も怒りの情緒の変形したものと考えることができる。嫉妬は，今まで自分だけに向けられていた愛情が，他のものへ向けられたと感じたことによる怒りであり，自分の愛する対象を奪われたことへの憎悪でもある。弟や妹が生まれ，親の愛情の多くが下の子どもに注がれるようになったと感じる場合に多く現われ，親の注意を自分のほうへ向けさせようとする行動がとられる（指しゃぶり，赤ちゃん言葉，夜尿など）。

(3) 愛　情

　愛情は，自分に最も多くの快を与えてくれる母親に対して芽ばえるが，しだいに身のまわりにいて面倒をみてくれる機会の多い大人に対しても芽ばえる。したがって，幼児は母親をとおしてさまざまな価値観や人生観を身につけ，さらに他の人との間にそれぞれ独自の人間関係や愛情関係を形成する。

　愛情の表現としては甘える行動が主であり，抱いてもらったり，愛撫されることを積極的に求めるようになる。このため，愛情の発達においては肌と肌との直接的接触が必要であり，情緒的な安定も増してくるのである。

　したがって，身体的，精神的接触が十分でなかった場合には，正常な愛情の発達が望めなくなる。

4 ── 幼児の情緒の特徴

　子どもの情緒の特徴を，ハーロック（Harlock, E. B.）は以下のようにまとめている。

- 子どもの情緒は短い。
  一般的に，乳幼児の情緒表出はほんの2〜3分続いて，急に終わる。
- 子どもの情緒は激しい。
  ちょっとした恐怖・怒り・喜びにも，非常に激しい反応をする。
- 子どもの情緒は変わりやすい。
  笑いが泣くことに，怒りが笑いに，嫉妬が愛情に急に変わるが，未熟なため自分の情緒を抑えられないことによる。
- 子どもの情緒はしばしば表われる。
  文字どおり，子どもは大人よりも情緒を表わす。
- 子どもの情緒には差異がある。
  学習と環境の違いや，子どもの性格によって，さまざまな反応になる。
- 子どもの情緒は行動の徴候からわかる。
  緊張の度合い，落ち着きのなさ，神経質な行動などから，情緒をみることができる。
- 子どもの情緒の強さは変わる。
  いろいろな要因によって，ある年齢で強い情緒は成長するにつれ弱くなり，

以前に弱かったものが強くなったりする。たとえば，恐れの対象は，大きな音，見慣れない物・人などから，空想の生物，暗闇，生命の危機などへ変化する。
・情緒表出の型は変わる。
成長するにつれて，社会的な承認の得られやすい方法で反応するようになる。

このように幼児の情緒は，自分中心に，欲求に即した反応をするということが言える。そして，すぐに表出されていた情緒は，児童期に入ると，より内面化し言語化されて複雑になっていく。

5 —— 不安と防衛機制

情緒不安定というのは，感情・情緒の安定性の不足ないし欠如をさすが，前述したように，何をもって情緒とみなすのかによって，その意味は一様ではない。

たとえば，幼児・児童性格診断検査では，情緒の発達が阻止された結果から生じる一般的不安傾向が強いことを情緒不安定としており，具体的には自信のなさ，虚脱感，劣等感などが含まれる。

不安定になったとき，人はなんらかの形でその不安感から自分を守ろうとする。不安に対処する方法が防衛機制とよばれるものであり，子どものおもな防衛機制には，次のようなものがあげられる。

〈逃避〉
恐れを起こす場面や人を避けたり逃げ出したりして，不安を解消する。
〈退行〉
指しゃぶり・夜尿など，子どもは現在の不安から，より満足な，不安の少ない幼いころへ退行することによって安定を得る。
〈否認〉
ひどく親から叱られたりすると，自分の親は自分の本当の親ではないから愛してくれないのだと考えて，不安をすりかえ，自分のこころの安定を得る。
〈抑圧〉
不安のもとになっている事態を自分の無意識の世界に送り込んでしまうことによって，こころの安定を得る。

＜投射＞
　けんかをしかけた子どもが，他の子どもがけんかをしかけたというように，自分の性格・行動を他人のものとすることによって，不安を解消する。

5節　社会的発達

1 ── 乳幼児の社会的行動

　まず，社会性というのは，社会化（自分の所属する社会の規範に従って共同生活に適応していくこと）の過程の中で人格として形成され確立されるもので，他の人間とうまくつき合っていく能力や社会の行動様式を身につける能力などをいう。

　社会的発達は，社会性を身につける過程であり，どのような行動や態度が，どのような状況において社会に受け入れられるかを学ぶ過程である。たとえば，社会が善とするもの，悪とするものを学ぶことから，道徳的発達ともよばれる。

　社会的行動は，社会の中で他の人間とともに生きる人間の行動であり，社会的発達の過程で得られた行動全般のことである。乳幼児の場合，具体的には愛着行動など母親との間で行なわれる行動，遊び，競争，協同，けんかなどがある。

2 ── 愛着の意味するもの

　愛着とは母子間の相互的・情緒的な関係のことで，愛着行動をとおして成立する。

　愛着という言葉を初めて用いたのはボウルビィ（Bowlby, J.）であるが，「ほとんどの乳児が生後12か月以内に母性的人間に対して，強く持続的な心理的結びつきを持つようになる事実」を愛着とよんだ。

　この愛着に関する重要な研究が，ハーロウ（Harlow, 1959）によって行なわれている。子ザルを1頭ずつおりに入れ，図1-19のように2個の代理母親を設置した。この代理母親は，円筒形の金網で作られ，その胸のところに哺乳器を取り付けることができるようになっている。一方は針金だけで「針金母親」

と名づけられ，もう一方は厚い布でおおわれていて，「布の母親」とよばれた。
　生まれたばかりの子ザル8頭のうち4頭は針金母親の哺乳器から，他は布の母親からミルクが与えられた。その結果，布の母親の哺乳器からミルクを飲んだ子ザルは，ほとんど布の母親にすがりつき，針金母親のところで過ごすことはなかった。また，哺乳器が針金母親に取り付けられている場合も，子ザルはミルクを飲むとき以外の大部分は布の母親にすがりついていた（図1-20）。このことは，母親への愛着形成は，生理的満足よりも身体的接触の慰めのほうが重要であることを示している。

● 図1-19　代理母親と子ザル（Harlow, 1959）

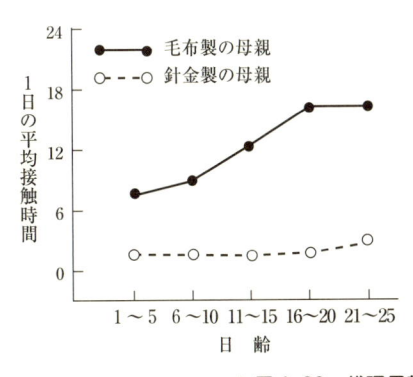

（a）第一グループ：針金製の母親で授乳　　　（b）第二グループ：毛布製の母親で授乳

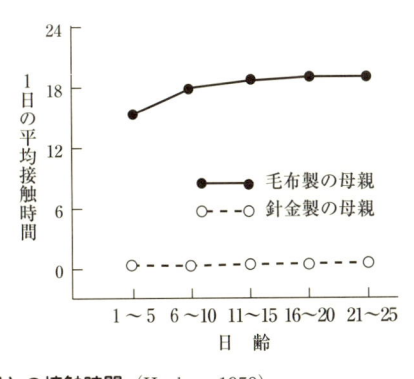

● 図1-20　代理母親との接触時間（Harlow, 1959）

第1章　幼児の発達心理

● 図1-21　子ザルの恐怖反応（Harlow, 1959）

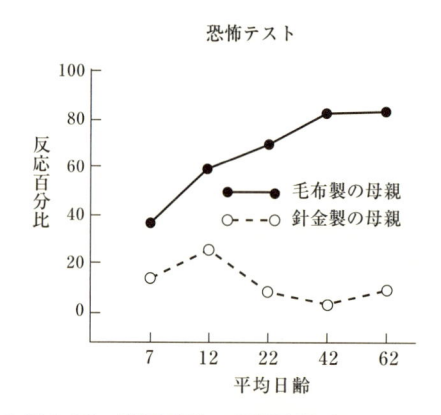

● 図1-22　代理母親との接触時間（Harlow, 1959）

　この布の母親への愛着行動は，図1-21のようにおもちゃのクマなどの異物をおりの中へ入れて不安にさせたとき，より明確に現われる。変な物体を恐れた子ザルは，針金母親より布の母親にしがみついて安らぎを得ようとする。針金母親から哺乳された子ザルも，布の母親に哺乳された子ザルと同じように行動する（図1-22）。

3 ── 乳児の微笑反応

　母子関係は，乳児の母親への受動的な依存だけにより成立するのではなく，

乳児はみずから母親にはたらきかける能動的な存在である。したがって前述したように，母親側からのはたらきかけと，乳児側からのはたらきかけの相互作用によって成立すると考えられる。

乳児の愛着行動には，シグナル行動と接近行動の2種類がある。シグナル行動というのは，見つめる，微笑する，泣く，喃語をしゃべるなどといった行動で，母親の注意を自分にひきつけるためのものである。接近行動というのは，身を乗り出す，後追いする，しがみつく，吸乳するなどといった行動で，自分のほうから母親に近づいていこうとするものである。

このうち，微笑反応は愛着行動の中でも重要なものである。乳児の微笑行動の発達過程は，次のような段階に分けられる。

①自発的微笑（生後2週間以内）

　浅い睡眠時に，外界から刺激が与えられないのに自然に起こってくる微笑。生理的微笑あるいは反射的微笑ともよばれる。

②聴覚刺激に対して起こる微笑（生後3〜4週）

　自発的な微笑はしだいに消えて，人の声などの刺激によって誘い出された微笑が出現する。

③視覚刺激に対する微笑（生後4〜5週）

　聴覚刺激に加えて動くものなどの視覚刺激に対しても，微笑反応が現われるようになる。

④人間の顔に対する微笑（生後2〜6か月）

　特に音声を伴った人間の顔に対して微笑するようになる。大人が「イナイイナイバア」をすると喜んで反応するのはこのころであり，大人の顔であれば無差別に反応する。

⑤見慣れた人に対する微笑（生後6〜8か月）

　誰に対しても微笑することはなくなり，母親などの見慣れた大人だけに微笑する。したがって，特定の見慣れた人に対する選択的・差別的微笑とよばれている。

⑥人見知り（生後7〜9か月）

　見慣れない顔に対しては恐れを示し，抱いてくれる人の陰に隠れたり，泣き出したりするようになる。これが人見知りとよばれるもので，スピッツ

(Spitz, R.)はこれを8か月不安とよんだが、特定の人間との間で愛着が形成されたことを意味している。シェーファー（Schaffer, H. R.）は、愛着行動が増えるにつれて、人見知りも著しくなることを明らかにしている。

4 ── 自我の芽ばえ

図1-23は、自我が芽ばえ、確立してくる道筋を示している。

誕生から1歳くらいまでの乳児は、身体的・心理的なすべての面で、母親に依存し、母子が融合している状態といえる。

生後1～2歳半くらいまでの幼児は、一方で母親との間の愛着が成立し、母親の要求に沿った行動をとろうとする。もう一方で、歩行が可能になり行動範囲が広がり、言語も発達して自分の意思を伝えられるようになることから、自分でしたいことは自分でするようになるため、母親の要求に沿わない行動も現われ始める。したがって、この時期は時どき母親の腕の中に戻りながらも、外界へのはたらきかけが活発に行なわれ始め、母親をはじめとする大人との関係も変化していく時期である。

もしもこの時期に、外界へのはたらきかけを急ぐあまり、母親への愛着を拒否すると、心理的安定が崩れて幼児は不安にかられる。これを分離不安という。そして、この不安がもとになって、赤ちゃん返りとよばれる退行現象を起こす。

2歳半～3歳半くらいまでの幼児は、図1-24に示されるように、身体が飛躍的に発育し、運動能力や言語などの知能が発達するにつれて、行動空間や時間的空間が広がり、大人や友だちとの接触を通じてさまざまな経験をする。そして、しだいに行動能力も増し、興味も広がり、自分の行動に対して誇りや自信

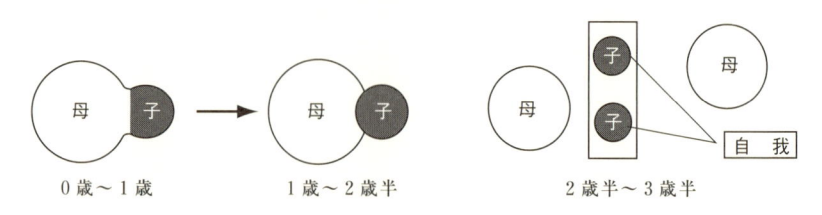

● 図1-23　自我が確立する道筋　（園原・黒丸, 1966)

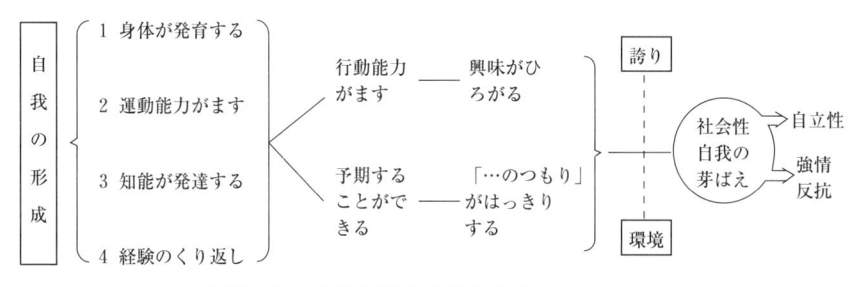

● 図1-24　自我の形成（園原・黒丸，1966）

を持つようになる。それと同時に，近い未来の行動については結果を予測することができるようになり，自分の行動に対して意思と期待を持つようにもなる。

このように幼児期は，母親から離れて独立した存在として自分の思うままに自由なこころで行動しようとする時期である。また，自己主張も強まるが，これが自我の芽ばえである。

5 ── 第一反抗期

幼児の自己主張に対して，母親は禁止，干渉，無視といった態度をとることが多く，幼児の自信や誇りと衝突する。それは，幼児の主張が自己中心的で社会化されていないため現実的でないこと，あるいは母親が幼児の主張を理解できないことによって，母親の側にしつけをしようとする意図が増大するからである。したがって，それまで従順だった幼児も，「いや！」とはっきり拒否したり，泣きじゃくる，暴れるなどの反抗的な行動を示すようになる。

このような幼児の反抗的な態度の著しい時期を，第一反抗期とよぶが，第一反抗期については2つの考え方がある。

1つは，前述したように，幼児の自我が他人の意図と衝突することによって起こり，第一反抗期をとおして，自分の思いどおりにならない他人の存在をはっきり意識し，自分に対する意識も明確になってくるという考え方である。

もう1つは，他人（親）の存在とはかかわりなく，遊びや着衣などの多くの行動に幼児がひとりで取り組もうとするものの，うまくいかないためにいらだち，（自意識が傷つき混乱して）それが反抗という形で現われるという考え方

である。

　いずれにしろ，大人の側からみれば反抗とよばれる現象も，幼児の側からみれば自我の発達に伴って起こるごくふつうの一過性の現象である。したがって，反抗は健全な自己主張の芽ばえを示すものであり，人格形成にとって重大な意義を持つものである。

6 ── 反抗現象と人格形成

　反抗の現われ方や強弱は，幼児の年齢，生育暦，家庭環境，母親の養育態度などによって異なる。

　中西（1960）は，年齢によって反抗の行動が変化することを明らかにしている。それによると，1～3歳にかけては，気に入らないと座り込んで暴れる，大声で泣きわめくなどの無方向のかんしゃく型の行動が多くみられ，2～3歳にかけては，たたく，蹴る，物を投げるなどの攻撃型の行動や，してはいけないと注意されるとわざとする行動が現われる。4～5歳にかけては，口答えをする，文句を言うなどの言語的行動や，黙って口をきかないなどの緘黙型の行動が増加している。かんしゃくや攻撃などの粗暴な行動は5歳を過ぎると目立って減少し，言語的・緘黙型の行動へと移行している。

　第一反抗期が人格形成に及ぼす影響に関して，ヘッツァー（Hetzer, H.）は2～5歳までの間に強い反抗期を示した幼児100人と，まったく反抗期のなかった幼児100人について，青年期までの追跡調査を行なった。その結果，反抗期を示した幼児の多くは，意思の強さを持ち，自分の判断でものごとを決められる青年となり，意思の弱い者は少なかった。これに対して，反抗期を示さなかった幼児の多くは，意思が弱く主体性に欠けており，意思の強さが認められた者は少なかった。

　平井（1975）は，登校拒否児と第一反抗期の関係について調査した。それによると，登校拒否児の生活史をみると，ほとんどの子どもに第一反抗期がないか，弱いかであった。また，思春期以後の登校拒否児の暴力は，ちょうど3歳前後の子どもが，自分の気に入らないことがあると親にぶつかってきたり，親をたたいたり，近くにある物を投げたりする状態と非常によく似ているという。

　このことから登校拒否児は，3歳前後に他者を意識し，他者と衝突すること

をくり返しながら，主体的な自我を形成するという過程を経ていないため，自我の強さが要求される学校という場面に耐えることができず，登校拒否という症状をとると考えられる。

7 —— 遊びの発達

(1) 遊びの役割

図 1-25 は，子どもの遊びと発達との相互関係を示したものである。子どもの発達にとって，遊びはさまざまな意義を持っている。

・身体的・運動的能力を促す。
　幼児の遊びは身体を動かすことが多く，遊びによって身体各部の成長が促進され，運動能力・体力が養われる。
・情緒の発達を促す。
　遊びは幼児が，自分の欲求を満たそうとする，自発的で束縛されない活動であるため，喜怒哀楽といった情緒が豊かに表現され，情緒表現の方法を学ぶことができる。
・知的・認知的発達を促す。
　幼児は遊びをとおして，ものごとや人間に対して興味・好奇心を抱き，経

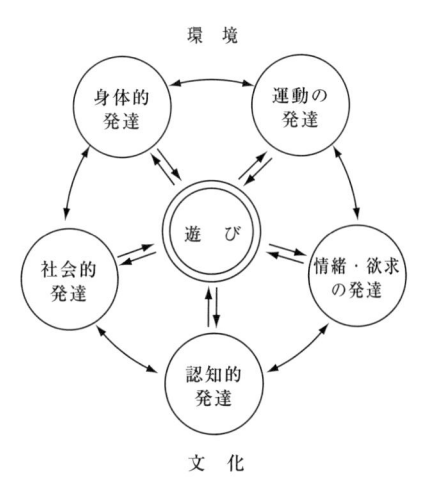

● 図 1-25　幼児・児童の遊びと発達との相互関係（高野・林，1975）

験することで知識を広げ，技能を身につける。
・社会性の発達を促す。
　年齢とともに仲間との遊びが増えるが，しだいに他人の意思と自分の意思を調整しなければ楽しく遊ぶことができないことに気づき，遊びのルールに従って遊ぶことができるようになり，社会性が発達する。
　以上のように，遊びは幼児のあらゆる面を発達させるが，抑圧された感情などを取り除く役割も果たし，遊戯療法（第6章参照）として治療的にも役立っている。

(2) 遊びの分類

　幼児の遊びの分類について，代表的なものとして次のものがあげられる。
　パーテン（Parten, 1943）は，2～4歳11か月までの，男児22人，女児20人の自由遊びを観察し，社会的参加の程度によって，遊びを以下の6つに分類した（図1-26は年齢別の遊びの型の比較である）。

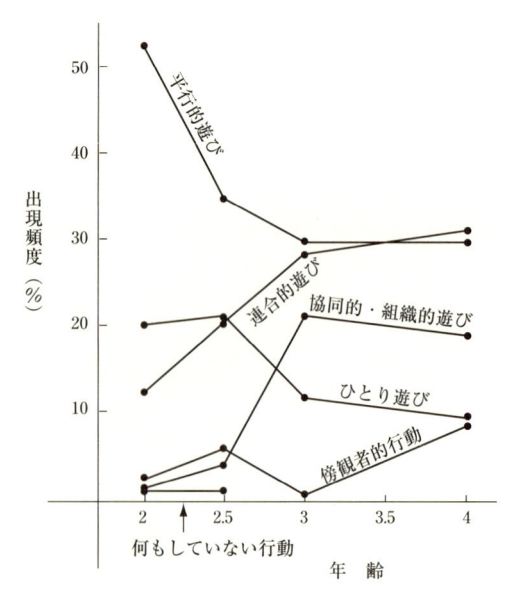

● 図1-26　遊びの型の発達的様相（Parten, 1943）

①何もしていない行動（2～3歳だけにみられる）

　その時その時に興味のあるものに目を向けていて，目を引くものがなければブラブラしている状態である。

②ひとり遊び（2～3歳までが多い）

　他の幼児がいても互いに無関係にひとりで遊ぶ状態で，ひとりごとを言ったり玩具を用いたりはするが，他の幼児との交渉はない。

③傍観者的行動（2歳半ごろが多い）

　他の幼児の遊びをながめて過ごす。話しかけたり，教えたり，質問したりはするが，自分からは遊びに加わろうとはしない。

④平行的遊び（各年齢にみられ，中でも2～3歳に多い）

　ひとりで遊ぶが，他の幼児のそばで同じような玩具で遊ぶ。他の幼児にはたらきかけたり，一緒に遊んだりはせず，それぞれひとりで遊ぶ。

⑤連合的遊び（年齢とともに多くなる）

　他の幼児と一緒になって遊び，ほぼ同じような遊びをする。玩具の貸し借りはあるが，遊びの分担や組織的な遊びはみられない。

⑥協同的・組織的遊び（3歳以前はみられず，年齢とともに多くなる）

　何かをつくったり，ゲームをしたりするという目的のために，組織をつくって遊ぶ。リーダーが現われ，リーダーの指示によって遊びが分担され，全体の動きが決まる。

　以上のことから，幼児の遊びを社会性の発達という観点からみると，友だちを意識していない段階から，友だちの遊びをながめる段階へ，そして自分から友だちの中へ入っていく段階へと発展することがわかる。

　次に，グリーン（Green, 1933）は1歳半～5歳半までの幼児40人の自由遊びを観察し，集団遊びの大きさについて，遊び相手の数を0人，1人，2人，3人以上と区別して，年齢との関係を示した。

　これによると，2歳児は遊びの大部分がひとり遊びであるが，年齢とともにひとり遊びは減少し，5歳児では30％にすぎなくなる。遊び相手の数は2～5歳までをとおして1人が最も多いが，2人あるいは3人以上の場合も年齢とともに増加している。すなわち，幼児の遊び集団の大きさは，年齢とともに大きくなる傾向があることがわかる。

山下（1955b）は，遊びの中で最も中心となっている，こころのはたらきの違いによって，遊びを5種類に分けている。
　①感覚遊び（2・3か月～2歳ごろ）
　　ものを見たり，聞いたり，触ったりして，おもに感覚器官を使って楽しむ遊びで，感覚器官の発達と知識の増加に役立つ。
　②運動遊び（年齢とともに発達）
　　手足や全身の運動が楽しみをもたらすような遊びで，身体づくりに役立つ。
　③模倣遊び（2歳ごろから始まり，5～6歳ごろが最もさかん）
　　子どもの周囲にあるいろいろな生活をまねた遊びで，ままごと・人形遊び・電車ごっこ・お店ごっこなどがあり，一人ひとりが役割を分担して行なうごっこ遊びである。
　④構成遊び（幼児期の終わりごろ）
　　いろいろなものを組み立てたり，つくり出したりする遊びで，思考力や手先の動作の発達を促す。
　⑤受容遊び（5～6歳）
　　絵本やテレビを見るなど受け身になって受け取る遊びで，知識・想像力・理解力を伸ばす。
一般に「ごっこ遊び」とよばれるものは，模倣遊び，役割遊び，象徴遊びとも言われる。ごっこ遊びは，2歳前後から始まり，年齢とともに変化する。マーキー（Markey, 1935）は，ごっこ遊びを次のように分類し，その発達的変化を示している。
　①用具の虚構的使用
　　簡単な身ぶり，物を想像して名づけて遊ぶ（箱を船にたとえるなど）。
　②虚構場面
　　場面を設定し，物を複雑に使う（食事の用意をするなど）。
　③擬人化
　　生命のないものを人のように扱う。想像上の生物や人形に話をしたり，人形をかわいがったり，ぶったりする。
　④役割遊び
　　特別な役割を実演する（ままごとでお母さん役をしたり，テレビのヒーロー

役になったりする)。

⑤構成的な活動

粘土,積木,紙などの素材で想像上のもの(病院,消防署など)を作る。

3歳以下の幼児のごっこ遊びの特徴は,擬人化がみられることである。3歳以後になると,虚構場面,役割遊び,構成的な活動が増え,ごっこ遊びの内容も複雑になり,役割も分化してくる。

幼児期を過ぎると,ごっこ遊びは急に減少していく。これは子どもが社会性を身につけ,現実への認識も確実に行なうようになるため,空想よりも現実生活へと興味が移るからである。

第2章 幼児の教育相談・発達障害

1節　教育相談

　現代の家族は，核家族化が急速に進み，夫婦と子どもだけで構成される二世代家族が多い。しかも，少子化によって子どもの数も少ない。そのうえ，一般的な生活水準が向上し，便利な家庭電化製品が普及して，家事の省力化が図られている。

　そのような社会状況の変化によって，多くの母親が子どものために時間を費やすことができるようになったが，そのことで問題が生じていることも確かである。たとえば，母親の育児態度が過保護になったり，過干渉になったりして，子どもの行動に望ましくない影響を与えてしまっているケースがある。

　また，母親は自分の子どもに愛情を注ぐ一方で，身近に相談する相手がいないため，子育てで困ったことがあると，熱心に育児書を読んだり，テレビの育児番組を見る。しかし，そこで述べられていることは一般的，平均的なことであって，わが子と一致しないことがあるのは当然のことである。そうなると，母親は焦り，不安になり，いわゆる育児ノイローゼに陥る場合もある。

　そのような母親の状態が子どもの問題行動をひき起こす要因となることもあるだろう。

　幼児の発達や教育の問題は，かなり広範囲にわたるので，本章では，幼児についてよく相談を受けることがらを選び，その中から特に重要なことを取り上げる。

1 ── しつけと家庭教育

(1) 排便のしつけ

Q 1歳8か月の女児。おむつをとろうと思って、いろいろやっているのですが、まだ事前に教えるようになりません。うちの子より遅く生まれた子が、おむつがとれたと聞いてあせっています。よい方法を教えてください。

　ほとんど無意識のうちにおむつの中へ排便してきた習慣をやめて、決まった場所で意識的に排便する新しい習慣をつくるためには、訓練が必要である。この訓練をトイレット・トレーニングという。

　意識的に排便することができるためには、排便のための筋肉を自分の意思で自由に統制することが必要である。このようなことは、身体的な成熟がある水準に達するまで困難である。

　したがって、排便の習慣の成立は、身体的成熟が前提となるため、子どもの成熟を無視して早くから訓練を始めても効果がない。また、子どもに能力以上のことを要求することになるため、こころの発達に悪影響を与えることもある。

　一般的標準からみると、1歳前後には時どき排便を予告するようになり、1歳半になればほぼ完全に予告して排便することができるようになる。

　しかし、一般的標準はあくまで平均的な発達の目安であり、標準から6か月程度のずれはあると考えるべきである。したがって、1歳8か月の年齢であれば、習慣の成立が多少遅れていると言えるかもしれないが、身体的成熟の度合いやスピードは、個人差が大きいので、問題になるほど一般的標準から遅れているとは言えない。

　この時期は、うまくいったりいかなかったりと失敗することも多いが、いずれはできるようになると考えて、神経質になりすぎたり、むきになったりしないことが必要である。

　したがって、訓練をきびしくしたり、叱ったりしないで、うまくいったときにほめてあげ、ゆったりと構えることが大切である。

(2) 食事のしつけ

Q 3歳の女児。食事のしかたがじょうずではなく、ご飯をよくこぼします。また、好き嫌いも多く、嫌いなものを残します。注意しても言うことをきかないので、どうしたらいいでしょうか。

　食欲を満たし、栄養を補給することは、生命を維持していくために必要不可欠なことである。これは、食事の基本的な意味であるが、日常生活における食事には、さらに次のような意味がある。

　それは、食事をする「楽しみ」ということであり、楽しい食事は人に幸福感を与える。したがって、おいしい料理をつくることも楽しい食事をしようという努力の現われである。

　食事のマナーは、楽しい食事のための約束ごとであり、「いただきます」「ごちそうさま」という挨拶は、食事をつくってくれた人に対する感謝の気持ちを表わすものである。また、食事をこぼしたりひっくり返したりすると、一緒に食事をしている人の迷惑になるし、おはしで食器をたたいたり、ゲップをしたりすると、他人に不快感を与える。一緒にいる人が、みんなそろって食事を楽しめるための約束ごとが食事のマナーである。

　このように楽しい食事をするためには、正しい食事のマナーを身につけることが大切であり、親が子どもに教えることである。

　しかし、これが強調されすぎると、「おはしの持ち方が違うでしょ」「こぼさないで」「残さず食べなさい」と、子どもは食事の間中、注意されたり叱られたりする。このような状況では、子どもは食事が楽しくないし、むしろ食事をすることが苦痛になる。

　親は食事のマナーを教える前に、食事の楽しさを理解させる必要がある。そのためには、家族が一緒に食事をしても、テレビに夢中になっていたり、黙々と食べたりするのではなく、笑顔で語り合えるような雰囲気が求められる。そんな食事場面は、親子のこころの交流の場にもなる。

　食事中にある程度注意を与えることは必要であるが、楽しい食事の雰囲気をこわしては効果を望めない。特に偏食や好き嫌いについては、何がなんでも直

そうとすべきものではない。

　偏食があるとバランスのとれた栄養がとれないため，病気になったり，身長が伸びなかったりするという考え方が，一般的である。しかし，身体の成長に必要な栄養は，他の食べ物で十分に補われていると考えられ，無理して食べさせる必要はない。前述したように，食事は楽しく食べることが最も大切であり，嫌いなものを無理やり食べさせられては，楽しい食事にならないし，かえって偏食がきつくなる場合もあると思われる。

(3) 退行現象

Q 3歳2か月の女児。先月弟が生まれましたが，しばらくすると赤ちゃん言葉でしゃべるようになり，おねしょをするようになりました。以前はこんなことはなかったのですが，どうしたらよいでしょうか。

　より未熟な発達段階に逆戻りすることを退行というが，具体的にはいろいろな現象がある。

　質問のように言葉遣いが急に幼稚っぽくなったり，ミルクを哺乳びんで飲みたがったり，あるいは夜尿が再び始まることもある。また，しばしば困ったこととして，赤ちゃんが生まれてから急に言うことをきかなくなったり，時には親の目をぬすんで赤ちゃんの頭をたたいたり，つねったりするというケースがある。

　このような退行現象が顕著にみられるのは，下に弟妹の生まれたときである。母親の愛情を独占していたこれまでとは違い，母親が赤ちゃんの世話をやき，家族が赤ちゃんのことを話題にしがちになるので，自分だけが取り残されたような寂しさを感じるためである。子ども自身は，そのことをはっきりと意識することはできないが，（自分をアピールするための）無意識の自己主張と考えられる。

　退行現象は，一般的にみられるものであるが，共通する親の態度としては，下の子のことに追われて上の子どものことは以前ほどかまってやれないということである。確かに，赤ちゃんが生まれると母親は多忙になり，関心も赤ちゃ

んに集中しがちである。

　そんなときは，赤ちゃんが生まれたことによる気持ちの不安定性を理解し，その子の赤ちゃんのときの様子を話してあげたり，赤ちゃんの世話の手伝いをさせたりする。つまり，上の子どもを赤ちゃんのライバルにして嫉妬心をあおるのではなく，保護者のような立場で小さなものに対する愛情を育てることが大切である。

　困った退行現象に対しては，注意したり叱ったりするのではなく，赤ちゃんの寝ているときなどを利用して，むしろ積極的にスキンシップや遊びをとおして愛情を注いであげることである。自分が可愛がられているという体験によって，退行による症状は徐々におさまっていく。

　いずれにせよ，退行現象というのは一時的なものであるため，それほど心配することはないのである。

(4) 第一反抗期

Q 3歳の男児。反抗期というのか，「いや」と言うことが多くなり，親の言うことをきかなくなりました。こちらが忙しいときなどイライラし，おしりをたたくこともあるのですが，なかなか効果がありません。どのような叱り方が望ましいのでしょうか。

　反抗期は2歳ぐらいから始まるが，3，4歳のころを第一反抗期という。親の言うことをきかないで，激しく「いや」と言って泣きわめいたり，路上でひっくり返って親を手こずらせたりする時期である。

　この反抗期の特徴は，大人，特に自分の親に対して自己を主張したり，大人の言うことを拒否することであって，よその子どもやきょうだいに対して攻撃を加えることではない。

　第一反抗期は，精神発達上からみれば非常に重要な時期であるが，親のかかわり方がポイントになるので，以下の点に留意する必要がある。

　①子どもへの要求は，子どもの年齢，能力，性格などを考慮する。
　　親は子どもの状況，立場を無視して，高すぎる要求をしたり，親の身勝手で叱っていることもある。

②なぜ叱られているのかを理解させ，どうしたらいいのかを教える。
　何をしたからだめなのかが，子どもにわかっていなければ叱った効果はない。
③悪い行為のすぐ後で叱る。
　叱るタイミングがあり，それをのがしたら叱っても効果がない。
④親の責任で叱る。
　親が悪い行為と考えるから叱るのであり，親の責任で自信を持って叱らなければ効果は望めない。
⑤叱るときは短時間で終わらせる。
　くどくど叱ると，かえって気が散ってしまい，逆効果である。
⑥叱るだけでなくほめることも心がける。
　ほめることは認めることなので，ほめられれば子どもはうれしく感じる。少なくとも叱る回数と同じくらいほめる必要がある。

2 ── 習癖への対応

(1) 幼児の自慰

Q 3歳の女児。先日，マットレスの角の所にまたをこすりつけ，顔を赤くして興奮しているように見えました。驚いて叱ったのですが，今日もまたしていました。変なくせがついているようで，どうしたらよいでしょうか。

　幼児の自慰は，それほどめずらしいものではないが，それが問題になるのは2歳以降のことである。
　幼児は手でいろいろなものに触れてみることによって，知識を獲得していく。おもちゃなどのような物だけでなく，自分の身体にもさわり，性器にさわることもある。これは，性器いじりといわれ，男児に多い。
　自慰は，性器いじりと区別され，たびたび手や家具で性器に刺激を与えることであり，それによって快感を得ている。
　幼児であっても，性器から快感を得る可能性はあり，そのきっかけとして，性器に湿疹ができてかゆかったり，性器を刺激するほどパンツがきつかったり，

親が神経質にその部分を洗いすぎたりすることなどがあげられる。それが続くと，自慰の習慣ができてしまう場合がある。

　自慰の対処としては，第一に，その原因として思い当たるようなことがあれば，それを取り除くことである。第二には，他のおもしろい遊びをするように促して，自慰の習慣が定着しないようにすることである。

　遊び友だちもなく，親からもかまってもらえず，いつもひとりでいるために，しだいに自慰をするようになってしまったという例が多い。日常生活の中に，おもしろい遊びなど他に注意をひくことがあれば，自慰の習慣も徐々になくなっていく。

　母親の中には，幼児の自慰を子どもとは思えない不潔で悪い行為だと考えて，叱ったりたたいたりすることがある。しかし，幼児の自慰は，性への興味・関心から生じたものではなく，上述したように外的な要因によるもので，子ども自身に罪はない。

　きつく叱ると，親の目をぬすんでするようになったり，罪悪感や不安感を持ったりすることになる。したがって，「そんなことをすると，おちんちんを切ってしまうよ」というような叱り方はせずに，「そんなことをしてるお友だちはいないから，笑われるよ」というように注意をする程度にする。

(2) チック

Q 5歳の男児。いつのころからか「エッ，エッ」と咳払いをするのがくせになりました。のどが悪いわけではないので，とても聞き苦しく，気になって注意してしまいます。どのようにしたら治るのでしょうか。

　身体を動かすくせをチックといい，身体の一部が本人の意思とは無関係に，絶えず動いてしまう現象である。

　具体的な動作はいろいろあって，顔をしかめてみけんにしわをよせる，肩を上げ下げする，「ヒュヒュ」という奇声を発するなど，人によって違いがみられる。

　チックは，日常生活の妨げにならない場合は大きな問題にならないが，たとえば「ヒュヒュ」と奇声を発するチックなどは，幼稚園や小学校へ行くと問題

になる。まわりの迷惑になるし，注意されたりして，自分で何とかしようとする。しかし，自分ではどうすることもできない。

　治療を要する場合は，専門機関を訪ねることになるが，特に治療を必要としない段階では，次のようなことに気をつけなければならない。

　まず，「エッ，エッ」という咳払いは，自分がやろうと思ってしているのではなく，本人の意思とは関係なく身体が動いて咳払いになってしまうということを理解する必要がある。「やめなさい」と叱ることは効果がないばかりか，むしろ逆効果である。なぜなら，チックのことを気にすればするほど，つまりしないように努力して精神的に緊張すると，よけいにひどくなるからである。

　チックの原因は，心理的な要因と考えられ，ひどく叱られたが，自分では納得できないとか，能力以上のことを要求され，できないと叱られるとか，こころの中に敵意があると思われる。しかし，原因がはっきりしないことも多い。

　チックへの対処は，親も子どもも気にしないようにすることである。すなわち，注意することはもちろんのこと，何も言わずにほうっておいたほうがいいのである。

　自然に治っていたということもよくあるが，症状がひどくなったり，別のくせが出てきたりして，日常生活に支障があるようになったら，専門機関で相談する必要がある。

(3) 吃　音

Q 3歳の男児。最近，どもるようになりました。父親も若いころどもったようです。どのように指導したらよいのでしょうか。

　これまでの研究結果から，吃音が始まる時期は3歳前後であることや，女児より男児に多く，数倍も多発することがわかっている。また，吃音は生物学的遺伝によるものではなく，家庭的環境によることが明らかにされている。

　吃音の指導を行なううえで注意しなければならないことは，以下のとおりである。

①吃音の子どもに行なう特定の指導法があるわけではない。

年齢，発達状況，性格，家庭環境，重症度，吃音歴，吃音に対する意識・関心の程度，吃音のタイプなど，さまざまな状況によって，個々の事例に即応した方法が選択される必要がある。

②早期に治療を受ければ治りやすい。

早期発見，早期治療が治療の原則であるように，吃音の場合にもできるだけ早く，専門家（言語聴覚士など）に相談することが大切である。

③吃音を矯正しようとする試みは有害である。

子どもに吃音がみられると，周囲の大人は不安になり，なんとかおかしな話し方を矯正しようとするが，正しい指導が行なわれない場合が多い。自分の吃音に気づいていない幼児に注意したり，指示を出したり，直接言い直させたりすると，大人の不安を感じて，吃音に気づき，罪悪感を持ってしまうことになる。

したがって，子どもが心理的負担を感じないように，吃音を受け入れることで，吃音を意識しないで話ができるようにすることが大切である。このような配慮が，吃音の指導そのものといえる。

また，吃音を治そうとすることだけでなく，隠して人の目から遠ざけようとすることは，子どもを卑屈にさせることもあるので，注意しなければならない。

(4) 幼児の盗み

Q 5歳男児。与えていないお菓子を食べていたので，問いただしたところ，近所のスーパーからとってきたらしいのです。気がつかなかったのですが，以前にも何回か同じようなことをしていたようです。どのように指導したらよいでしょうか。

他人のものを盗む，店のものを万引きするという行為は犯罪行為である。したがって，自分の子どもがそのような行為をすると，親は大きなショックを受け，感情的になって子どもを叱りつけるのがふつうである。

叱ることは必要であるが，叱ることの目的は子どもに二度と同じ行為をくり返させないことなので，なぜ子どもが万引きしたかをよく考えたうえで叱るほうが効果的である。

幼児でも5歳になれば、他人のものを盗むことが悪い行為であることは知っている。したがって、見つかれば親から叱られることも、ある程度予想できる。

しかし、盗むことがなぜ悪いのかを十分に理解しているわけではないので、万引きがなぜ悪いのかをたずねても、うまく説明することはできない。したがって、幼児の盗みは大人のそれとは違い、盗むという行為の意味を知ったうえでの行為ではない。

なぜ万引きしたのかという理由を知るには、子どもが万引きをした状況を理解しておく必要がある。年長の子どもにそそのかされたり、命令される場合もあるし、同年齢の子どもから教えられ、競争心を刺激される場合もある。

叱り方は、「そんなことをすると牢屋に入れられるよ」「おまわりさんにつかまるよ」などと脅かして、子どもに不安を与えるようなことはしない。

店にあるものはお金を出して買うきまりになっていること、お金を出さないで持ってくるとお店の人が困ること、きまりを守らないことや他人に迷惑をかけるのは悪いことだということを、子どもが少しでも理解できるように言い聞かせる。

さらに大事なことは、子どものした行為の後始末をきちんとすることである。子どもと一緒に店に行き、謝って代金を支払うようにする。これは、店に謝罪するためだけのものではなく、店で売っている品物は、お金と引き替えでなければ持ってきてはいけないことを、はっきり教える行為である。後始末を曖昧にしておけば、子どもは同じことをくり返す可能性がある。

3 ── 性格形成

(1) こわがり

> **Q** ....
> 4歳の女児。非常にこわがりで、少しのことで驚き、とても不安そうに泣きます。友だちも少ないので、もっとしっかりした子にならないものかと心配しています。

こわいという情緒は、予測しなかったことが急に起こり、それに対応したこころの構えや行動をとることができず、危険が身にせまるような感じがした場合や、不気味な正体のはっきりしないものが接近したときなどに感じるもので

ある。

　こわがりとか臆病というのは，一般によくないことと考えられているが，自分を守ることは大事なことである。すなわち，不気味なもの，危ないものをすぐ見分けて，これを避けようとするはたらきがなければ，子どもの生活は非常に危険なものとなってしまう。

　したがって，危険なものをこわがる子どもは，向こうみずとか無鉄砲といわれる子どもに比べて，小さなことにも気づく繊細で敏感な神経を持っていると言えるだろう。

　何をこわがるかということは年齢とともに変化し，2歳児は大きな音，たとえばトラックの走る音や雷鳴のような聴覚的なものをこわがり，3歳児はお面，外国人など視覚的なものをこわがり，4歳を過ぎると想像力が加わって，暗い場所，おばけなどをこわがり始める。

　経験が増すことで，危険なものはこわがり，危険でないものはこわがらないようになることが，望ましい発達のしかたである。

　こわがりはまねをすることによって定着する場合がある。一般に，臆病で心配性の母親は些細なことにも心配して，「あぶない，あぶない」と言って子どもの行動を禁止・制限し，子どもの経験の範囲を狭めてしまっている。そのため，心配性の母親に育てられた子どもは，めずらしいものを好奇心よりも危険視して避けようとする。このことが，ますます新しい知識や体験を得る機会を乏しくさせている。

　子どものこわがりを直すためには，まず母親が自分自身をふり返る必要がある。子どもを必要以上にこわがりにさせているようであれば，のびのびと育てようと心がけることが大切である。

　また，子どもから恐怖心を取り除くためには，そのものがこわくないということを説明するとともに，そのことをこわがらずに接している仲間に入れて遊ばせるようにする配慮が大切である。

(2) 乱　暴

Q 幼稚園に通っている5歳の男児。短気ですぐかっとなり，物を投げつけたり，友だ

ちをたたいたりします。このまま大きくなったらどうなるかと心配です。

　ひとくちに乱暴といっても，その程度はさまざまで，元気がよすぎるというものから病的な印象を与えるものまである。
　一般に子どもの行動は乱暴であるが，子どもの自己表現のしかたが未熟であるということにもよる。つまり，自分の考えや要求を言語をとおして相手に伝えたり，相手の立場に立ってものごとを考えることができないために，相手に不満があったり自分が傷つけられたりすると，直接的な身体的反応でもって対応するからである。
　それでも，特に乱暴といわれる子どもには次のような理由が考えられる。
①エネルギーを発散する場所が与えられていない場合に，開放的なところに行ったり，何かのきっかけを与えられたりして，有り余っているエネルギーを爆発させることが乱暴することになるケースである。
②親や先生に叱られすぎたり，きびしくされたりして，子どものこころに不満がたまり，反抗的になっている場合で，親や先生の見ていないところで不満が爆発し，乱暴な行動となって現われる。
③乱暴なことをすることによって他人の注目を集めようとする場合で，弟妹が出生したときなどによくみられるもので，一種の退行現象であるとみなすことができる。
　また，数は少ないがADHD（注意欠陥／多動性障害）のように大脳に機能障害が認められることがある。
　以上，いくつかのタイプに分けて述べたが，その子どもの年齢から考えてやむを得ないものもあれば，欲求不満に基づくもの，甘やかされて十分なしつけを受けていないために乱暴するものなど，原因も単純ではない。
　乱暴な行動は模倣されるものであり，乱暴な子どもの親，特に父親には乱暴な人が見出されることが少なくない。
　乱暴な行動は友だちから嫌われ，相手にされなくなるので，乱暴なことをされると相手がどんなに迷惑するか，乱暴すると友だちがいなくなってしまうことなどを話して，言葉で伝えることやがまんすることなどを身につけるように指導することが大切である。

(3) ひとりっ子

Q 3歳のひとりっ子の母親です。ある本に，ひとりっ子はそのこと自体が病気であると書いてあったので驚いています。ひとりっ子を育てていくうえでの注意すべき点を教えてください。

　きょうだいのある子どもに比べると，ひとりっ子は性格的な問題を持ちやすいことは確かである。しかし，ひとりっ子がそれ自体病気であるという言葉は，ひとりっ子の持つ問題を大げさに表現したものと理解される。

　ひとりっ子はきょうだいがいないため，家庭の中では大人たちに囲まれた，たったひとりの子どもとして育つ。大人と会話する機会も多いため，言葉の発達が早いし，素直なおっとりとした性格になる子どもが多い。

　しかし，長所ばかりでなく，ひとりっ子はきょうだいのある子ども以上に問題を持ちやすい傾向がある。以下のようなひとりっ子の特徴を理解したうえで，注意深く育てる必要がある。

　第一は，ひとりっ子はきょうだいを持たないので，家庭の中で「きょうだい関係」を経験しない。この「きょうだい関係」は，「親子関係」と「友だち関係」の仲立ちをする重要なはたらきを持っている。そのため，ひとりっ子は子どもと大人の相違を理解できず，他の子どもとのつき合い方を知らない。

　そのために，幼稚園や保育所や家の近所で，初めて友だちと遊ぶときに，うまく仲間に入っていけないことがある。友だちとの接触を避けようとしたり，友だちからわがままだと言われたりする。このように，ひとりっ子は社会性の発達に乏しい条件を持っている。ひとりっ子の社会性の発達を遅らせないためには，できるだけ幼いうちから同年齢の子どもと遊ばせることが大切である。

　第二は，ひとりっ子の親は子どもへの期待が大きすぎる傾向がある。子どもの年齢や能力を越えた要求をしていることが多い。

　昔から，ひとりっ子は甘やかされると言われてきた。確かに，甘やかされている面もあるが，最近のひとりっ子の母親には，きびしすぎる面も見受けられる。これは早く大人と同じ行動ができるようになってほしいという気持ちが強すぎるためであろう。

きびしすぎるしつけや，能力以上の目標を子どもに強制すると，子どもの性格形成に有害である。いわゆる情緒の不安定な子どもになるので，今までの育て方をもう一度見直すことが大切である。

(4) きょうだい関係

Q 男－女－女の3人きょうだいの母親です。長男はあまり男の子らしくなく泣き虫で，長女は男の子のように活発です。同じきょうだいでも，こんなに性格が違うものでしょうか。

親はまったく同じように育てたつもりでも，長子，第二子，第三子の間には性格の相違がみられるのがふつうである。また，同じ長子であっても，下の子どもが男子であるか女子であるかによって，性格やきょうだい関係のあり方は違ってくる。きょうだい関係のあり方や子どもの性格には，きょうだいの数，出生順位，きょうだいの性別構成，年齢間隔などの要因がからみあって影響を与えている。

一般的に言えば，長子は第二子，第三子に比べるとおとなしく，気が弱く，素直で，慎重である。これは親にとって長子を育てることは初めての経験であり，非常に気を遣って神経質に育てたためであろう。

第二子，第三子は快活で，活動的で，やきもちやきで，強情である。親にとって育児は経験したことなので，長子の場合よりのんびりとあまり過大な期待を持たずに育てることができるからである。

末っ子になると，親はいつまでも子ども扱いするので，甘ったれで，依存的な性格を持ちやすい。

3人きょうだいであると，まん中の子どもが孤立しがちである。第二子は上からは抑えられ，下からは突き上げられる立場にある。親としても，長子には大きな期待をかけ，末っ子は甘やかしがちになる。第二子だけが疎外されやすいので，そうならないように配慮する必要がある。

男の子らしさ，女の子らしさとされているイメージの基礎には，身体的基礎がある。たとえば，筋肉の力や走る力は幼いころから男の子のほうがまさって

いる。そしてこのようなことが活発で力強い動作を男らしいこととしているのである。

しかし，このような生物学的な差だけから男女の差は説明されるものではない。その社会に伝統的に存在し，好ましいものとされている男子の行動様式，女子の行動様式が強く作用しているのである。このような行動様式は，社会的に強く支持されているため，両性はそれぞれ自分に期待される内容を身につけていく。ただ，男の子らしさ，女の子らしさということの内容は時代によってかなり差があるもので，親の考えている男の子らしさ，女の子らしさと当の本人たちの世代が考えているそれとは，非常に差があることが多い。したがって，それほど気にする必要はないし，親の考えを押しつけたりしないように注意する必要がある。

4 ── 幼稚園教育

(1) 幼稚園ぎらい

Q 今年，幼稚園の2年保育に子どもを入れました。男の子ひとりで甘やかして育てたせいか，内弁慶です。1か月ばかりしてから幼稚園に行かないとぐずり始めて，てこでも動かず困っています。

入園したては，新しい場所や友だちへの魅力もあり，幼稚園生になったという幼いプライドも手伝って比較的元気に通うが，1か月ばかりたつとぐずり始める子どもが出てくる。これは，幼稚園に慣れて当初の魅力が薄らぐ反面，朝早く起こされるなど生活習慣の規律化が重荷になってくるためである。

したがって，幼稚園ぎらいはどの子どもにも多少ともみられ，1か月目くらいの軽い幼稚園ぎらいは，むしろ当たり前であり，放っておいてもそのうちには収まっていくものである。

しかし，中には幼稚園ぎらいが慢性化して，何か月たってもぐずり，泣き叫び，反抗する子どもがいる。毎日，同じ騒ぎをくり返し，親のほうもすっかり疲れ果てるという例もめずらしくない。

この原因には，子どもあるいは家庭の側の条件と，幼稚園側の条件との2つ

がある。多くは，この2条件が重なり合ってますます幼稚園ぎらいを強めていると考えられる。

　子どもの側の条件とは，社会的適応性の乏しさである。ひとりっ子で甘やかされて育ち，家の中では何でも自分の意思が通り，また反面依存的で内気，外では自己主張ができないなどがそれである。そのため，同年齢の友だちができないとか，遊んだ経験がほとんどないという子どもは，対等な仲間づきあいができずに幼稚園ぎらいになりやすい。

　さらに，このような子どもの場合，母親も神経質で心配性であり，知らず知らずのうちに過保護に傾いていることが多い。反面，子どもを甘やかしすぎているのではないかという迷いも大きいため，特定の場合だけ過度にきびしくしてしまい，幼稚園ぎらいになお拍車をかけるようである。

　一方，子どもの数が多いため，一人ひとりにまで先生の目が行き届かない幼稚園では，このような子どもの不適応はますますひどくなる。集団参加のできない子どもは，放任されがちになるからである。また，先生との相性が悪くて，幼稚園ではなお尻込みがひどくなるという例もみられる。

　対策としては，家庭と幼稚園とがよく連絡を取り合って，何がおもな原因になっているかをしっかり見極める必要がある。また，幼稚園でひとりポツンとしているようであれば，先生に頼んで指導に気をつけてもらうとか，面倒見のいい子どもを見つけて，仲間に入れてもらうなど適応性の乏しさを補うような方法を考えてみる。

　いろいろやってみても，どうしても幼稚園に行きたがらないようなら，子どもが自発的に行くようになるまで，思いきって休ませてみるのも一策である。

(2) 動作ののろさ

Q ....
　5歳の女児。何をするのも人一倍遅く，いつでも最後になります。やり方はていねいなのですが，要領が悪いのです。運動神経もにぶく，何をやらせてもじょうずにできません。

　動作は全体にゆっくりしていて，力強さ，活発さに欠け，体も小さいほうで，

体力も劣る。性格は，おとなしく引っ込み思案，積極性や競争心がみられない。

このような子どもは，内気で消極的なため，集団の中では，いつも仲間に圧倒されて縮こまっている状態にある。自分からすすんで積極的に行動することはもちろんのこと，よくできるはずの事柄にも自信をなくし，仲間の様子を見てあとからついて行くので，いつでも一テンポずつ遅れることになってしまう。

運動面では，動作ののろさの特徴はさらに目立つ。多くのスポーツには競争心という要素がつきものだし，大勢の前で人目を恐れない態度が必要なためである。

したがって，動作がのろいことの原因は，性格上の特徴に帰着することが多いので，性格の指導ということが中心的な問題になる。

しかし，内気や引っ込み思案はある程度まで素質的なものであり，それを正反対に変えようと望んでも難しい。

最近の育児相談では，内気－内向性を気に病む母親が増えているが，1つには幼稚園教育で社会的適応性ということが強調されていることの結果による。それによって，内気はよくないとか病的なものと思い込んでいる場合がある。

内気は反面，思慮深いというような特性も伴っている。また，内向的な子どもは素直でしつけやすいが，外交的な子どもは自己主張するためしつけが難しいということもある。

要は，良いとか悪いとかではなく，子どもの個性として認め，おのおのの個性がどれだけ生産的に活用されているかが大切である。すなわち，育て方によって内気は，「引っ込み思案の内弁慶」になったり，「真面目で考え深い子」になったりするのである。

発達的にみれば，幼児の段階では，内気や消極性がいわば生のままで表に出てくるので，動作がのろいように見えるのである。これらの子どもも小学校に入り社会生活にしだいに順応していけば，それなりに動作ののろさは克服して，慎重，ていねい，辛抱強いといった形に徐々に変わっていくことも少なくない。

そこで，無理に変えさせようとしたり，自信を失わせるような叱り方をしないようにし，長い目で見守る心構えが大切である。

(3) いじめっ子・いじめられっ子

Q 4歳の男児。男の子なのに気が弱く，年下の子にまで泣かされて帰ってきます。甘やかして育てたためでしょうか。
5歳の女児。とても気が強く，意地悪をして泣かせたとか，いじめたとか苦情が絶えません。友だちは多いようなのですが，どうしたらよいでしょうか。

　おとなしくて自己主張も少ないし，体力的にも弱い子どもは，いつも仲間から圧迫されていることが多い。しかし，これも1つの個性だから，いたずらに叱ってみたり，正反対に直そうとしても無理である。ただし，すぐ泣いて帰ってくるのは，いくぶん甘やかし気味のところもあるのではないかと推察される。その点は注意する必要がある。

　一般的にいじめられっ子の特徴は，集団の中に安定した位置を持たず，体力はないが自己主張はする，仲間づきあいがへたというような点にある。

　しかし，このような場合でも，うまく保護してくれる友だちを見つけるなどして，子ども集団に入れるようにすれば，いずれは仲間づきあいを体得していく。仲間集団は，大切な社会的訓練の場であるから，いたずらに避けるのは禁物である。

　いじめっ子にもタイプがあり，1つは孤立したいじめっ子であり，もう1つは比較的リーダーシップがとれるいじめっ子である。

　前者は，わがままで攻撃性が強く，協調性にも欠けるので，いじめっ子でもあるし，嫌われる子どもでもある。

　攻撃的な子どもには，家庭で攻撃性の表出が許されていることが多い。両親がお互いに派手なけんかを演じたり，親も子どもをひどく叱りつけたり，体罰を加えたりすることがあると，暴力が他人を動かす1つの手段として子どもに学びとられていくのである。また，子どもの欲求不満にも注意する必要がある。

　後者は，攻撃的という点では前者と共通性もあるが，それを仲間の規律を守るために使ったり，攻撃性を補うだけの指導性や強調性を持ち合わせている場合がある。

(4) 幼児のうそ

> **Q** 幼稚園に通っている5歳の男児。すぐにわかるようなうそを平気でつきます。放っておいてよいものでしょうか。

いわゆるうそとは,「相手が気づかないことを予想したうえで,架空の状況を意図的に構成し,それによって相手のある行為を引き出し,自分の利得を図ろうとする行動」と定義できる。

大人のうそは,大部分がこのような性質を持っているし,そこがまた悪いとされる所以である。しかし,大人のうそと子どものうそとは,同じものだろうか。

子どものうそは,大人のうそとはいろいろな点で異なっており,以下のような5つのタイプに分類することができる。

①子どもの心性の未熟さに基づくうそ

　子どもは夢が現実とは異なることを知っているが,夢がどこにあるかを問われると,やはり目の前にフィルムのようにあるのだという。子どもにとって,見えることはあることなので,このような誤りが生じる。

②言語能力が不足しているために起こる不適切な表現としてのうそ

　「牛のように大きな犬を見た」という表現は,他人をだまそうとする意図は持っていないし,それによって利益が得られるわけでもない。いわば,結果的なうそ,みかけのうそにすぎない。

③願望充足のうそ

　子どもには数多くみられ,満たされない強い願望があり,そのためこうあってほしいことが「こうだ」という形をとって表出される場合である。たとえば,新幹線に乗ってみたいと思い込むと,「きのう新幹線に乗って大阪へ行ったよ」というような出まかせの表現が出てくることがある。これは,架空の状況を構成したことは事実としても,それは一種の自己満足にすぎないので,相手をだまし利得をはかろうとする意図はない。

　①②と同様に③を見過ごしておいてよいかというと,必ずしもそうではない。ここでは,子どもの中に強い欲求不満が潜在している点が問題なのであり,うそそのものは問題ではなくても,その背景となる欲求不満は何か

を考えてみる必要がある。
④自己防衛のうそ
　しつけのきびしすぎる家庭や一貫したしつけ方針の欠けている家庭などによくみられる。その機制（自己防衛のための適応のしかた）は単純であるため，よく注意していればわかりやすく，ある意味では本能的なものである。
⑤大人と同様で悪質なうそ
　すでに述べたように幼児にはあまりみられない。しかし，③④のようなしかたで，自然にうそをつくことをおぼえた子どもが，うその利用価値を知ったとき，この種の危険なうそが発生してくるものと思われる。

5 ── 育児不安

(1) 事　例 1

> 2歳9か月の男児の母親。2人でいる時間が長くなると精神的に疲れて，気持ちに余裕がなくなる。それで，感情をコントロールできずに泣き出してしまうこともあり，徐々にひどくなっているように思える。
> 朝はまだいいし，昼寝したり夜早く寝てくれたときは，こっちの気分もゆっくりするので，こんな気持ちになるのを抑えられる。夜の11時過ぎまで起きたりされると，もうヘトヘトになる。3歳になったらましになるのかと思うけど，毎日毎日がいっぱいいっぱいで，どうしたらいいかわからない。

　母親は，気持ちに余裕がなくなると，よくないことだとわかっていても，どうしようもなくなって子どもの前で泣き出すようである。しかし，たたいたりするなど自分の感情を直接子どもにぶつけるようなことはしていない。
　母親はもともと精神的に疲れやすいタイプのようであり，子どもが活発な男の子なので，よけいにふり回されているものと思われる。実際，自分の時間がとれたときは，「うれしい気分になれる」というように，休息できるだけでなく，精神的にもリラックスするようである。
　このようなタイプの母親には，周囲の人のサポートが必要である。特に核家族の場合は，父親の協力が欠かせないし，可能であれば祖父母の援助（たまに

子どもを預かってもらうなど）もお願いしたい。

　幸いこの事例の父親は，子どもを遅くても10時には寝かせることをしているし，休日は子どもの相手をして遊んでおり協力的である。

　活発でエネルギーのある子なので，たとえばスイミング・スクールに通うことなども考えてみたらどうだろうか。十分に体を動かせば夜早く寝ることにもつながるであろう。

　また各地域には，子育てサークルといった自助グループもあるので，そういったところへ参加することも考えてみたらどうだろうか。特定の場所に集まっておしゃべりをしたり，弁当持ちで近くの公園へ行ったりする活動をしている。子どもの友だちだけでなく，母親自身にも友だちができれば，同じような悩みを持つ人と知り合う機会になり，互いに助け合うことができるであろう。

　それでもどうしてもうまくいかないときは，保育所への入所を考えることも1つの方法である。もちろん，保育に欠けるという要件があるので，それをクリアしなければならないという問題はあるが，不可能なことではない。その前提として，親の都合だけではなく，子どもが集団参加を喜んでいるということが大切である。

(2) 事　例 2

> 3歳と1歳4か月の女児の母親。長女を好きになれない。顔を見たくない。怒りがこみ上げてくると自分ではとめられずに，「あんたなんか嫌い。こっち見ないで」とひどいことを言ってしまう。時には，手を上げることもある。長女は下の子に意地悪したり，わざと怒られるようなことばかりする。
> 　夫は仕事が忙しく，相談できる状況ではなく，そんなことを言えばよけい不機嫌になるだけ。それに，転居してからあまり時間がたっていないので，知人も少ない。このままだと自分がどうにかなってしまいそう。

　事例1よりも深刻なケースである。注意獲得行動と思われるが，長女がわざと怒られるようなことをして母親を怒らせ，嫌悪感を増大させている。それでも精神的に落ち着いているときは，怒ってばかりいる長女がかわいそうに思え

て，母親は優しく接している。しかし，長女はすぐつけあがるので，また怒ってしまい，そのくり返しになっている。

祖母に相談しても，「そんな怒り方をしてはいけない」と言われて，自分の思いがわかってもらえない。父親にも，「お前が悪い」と言われるだけで，助けてもらえない。

母親は誰にも相談できる状況にないし，育児サークルのような場があることを知っているが，人づきあいが苦手で疲れてしまうので行く気にならない。

そんな状況なので，「自分が悪いんだ」という罪悪感を募らせ，「だから自分で何とかする」とかたくなになっている。しかし，ひとりで思いつめるだけで，どうにもならなくなっている。

このまま放置すれば，虐待につながる危険性をはらんでいる。まず大事なのは，子どもの健診などをきっかけに，市町村の保健師が家庭訪問することである。その際，子育てのしかたを注意するのではなく，子育ての苦労など母親の気持ちを理解し受けとめることが大切である。

すなわち，母親は周囲から自分が責められているという経験を持っているので，同じようなことになれば，それを回避してこころを閉ざしてしまうからである。そうならないように，時間をかけて信頼関係を形成し，少しずつ子育てのしかたをアドバイスすることを心がける。

以上のように，母親を孤立させないような取り組みが必要なのであるが，核家族化により家庭の中に相談する相手がいないことや，住宅環境の変化（新興住宅，高層住宅の増加）によって近隣にも相談相手がいないという問題が存在する。各地域の民生児童委員，主任児童委員，児童家庭支援センターや子育て支援センターのスタッフが，ハイリスク家庭へのアプローチをどうやっていくかが今後の課題であろう。

2節　発達障害

ここでは，幼児期にみられる発達の遅れや障害のうち，言語発達遅滞，精神

発達遅滞，自閉症，注意欠陥／多動性障害，そして被虐待児に多い愛着障害について述べることにする。

1 ── 言語発達遅滞

(1) 定義と分類

　言語発達遅滞という用語は，適用範囲が広いため，かなり曖昧に使用されている。幼児期の言語発達は個人差が大きく，遅速があるのがふつうであり，ある時点で遅れがあったとしても，時間の経過とともに治癒する場合が多いためである。したがって，どの時点で，どのような診断基準で遅れの有無を判断するかが大切になる。

　言語発達の遅れの原因から，「身体発育不全性」「心因性」「難聴性」「脳性麻痺性」「精神発達遅滞性」「自閉症性」「特発性」などの形容詞を付して言語発達遅滞という用語を用いることもあるが，ここでは発声・発語器官の異常など特定の疾患によらない言語発達の遅れの一群を扱うことにする。

　以上のように，言語発達遅滞は一種の症候群として考えられるが，その症状から大まかに言葉の表出面に遅れのある運動型である運動性言語発達遅滞と，言葉の認知あるいは理解面に遅れのある感覚型の感覚性言語発達遅滞に分けることができる。

　運動性言語発達遅滞は，言語理解の発達は比較的良好であるが，言葉の表出が困難なタイプで，言語発達遅滞の中では最も多く，話し言葉に関する予後は良好である。

　たとえば，純粋に言葉のみの遅れを意味する特発性言語発達遅滞という用語で示されるものがそうである。これは，2歳になっても有意味語を話さず，3歳になっても2語文を話さないケースが多いが，3歳になってもまったく有意味語を話さないケースは比較的少ない。すなわち，3～4歳ごろになると急速に言語が発達し，学齢期にはほとんどが同年齢児に追いつく。

　この原因として，環境的な要因も考えられるが，根本的には中枢神経系の未成熟あるいは機能的発達の遅れが根底にあると思われる。

　他方，感覚性言語発達遅滞は，言葉の理解面に問題があるために言語発達が遅れる一群である。運動性と感覚性の合併した感覚運動型もあり，純粋な感覚

性言語発達遅滞はまれである。言葉の理解ができないために言語そのものの発達が抑制されてしまうことがある。

　原因としては，中枢神経系における聴覚系の成熟の遅れに由来する場合もあるが，大脳の側頭葉に器質的障害のある場合があり，その予後はきわめて悪い。

(2) 3歳児健康診査（3歳児健診）

　言葉の遅れは，親が気づくことが多いが，3歳児健診で発見されることも少なくない。以下は，3歳児健診の概要である。

　3歳児健康診査は，1961（昭和36）年の児童福祉法の一部改正によって，全国一斉に実施されることになったが，1965（昭和40）年に新たに母子保健法が制定されるのに伴って，この法令にくり入れられて実施されることになった。

　「都道府県知事は，満3歳をこえ満4歳に達しない幼児に対して，毎年，期日又は期間を指定して，厚生省令の定めるところにより，健康診査を行わなければならない」（母子保健法第12条）とあり，同法施行規則には，次のような健康診査の項目が掲げられている。

　①身体発育状況，②栄養状態，③脊柱及び胸郭の疾病及び異常の有無，④皮膚の疾病の有無，⑤眼の疾病及び異常の有無，⑥耳，鼻及び咽頭の疾病及び異常の有無，⑦歯の疾病及び異常の有無，⑧四肢運動障害の有無，⑨精神発達の状況，⑩言語障害の有無，⑪予防接種の実施状況，⑫その他の疾病及び異常の有無。

　このように，3歳児健康診査は身体的，精神的発育状況を検診するだけでなく，耳鼻科，眼科，歯科の検査も行ない，さらに精神的発達の異常を検査しようとすることが大きな特色となっている。この意味で，3歳児健康診査は幼児の総合診断・判定ともいうべきものである。

(3) 精神発達精密健康診査（精神発達精密健診）

　3歳児健診の結果は保護者に知らせ，必要に応じて適切な指導を行なうことになっているが，特に何らかの異常が認められた子どもについては，精密健診を実施することになっている。

　このうち精神発達面に障害を残すおそれのある3歳児に対しては，児童相談

所が精神発達精密健康診査を行なうようになっている。その判定結果に基づき，保護者に対して適切な助言を行ない，児童福祉司，心理判定員，保健師等が家庭訪問を含めた事後指導を行なっている。さらに，必要に応じて児童福祉施設への入所措置を講じることもある。

このように，3歳児精密健診は障害の早期発見，早期治療に大きな役割を果たしている。以下は，その具体例である。

3歳6か月の男児。保健センターで3歳児健康診査を受けた結果，言葉の遅れを指摘され，児童相談所が精神発達精密健康診査を行なった。

言語理解の発達は比較的良好であるが，言葉の表出面に遅れが認められた。3歳になる前に2語文を話すようになったが，構音障害があり聞き取りにくい。

たとえば，サカナ→タカナ，リンゴ→インゴのように，サ行音のタ行化や子音の脱落がみられ，幼児音が残っている発音異常，いわゆる幼児語が多かった。

話し始めが遅く，機能的構音障害，すなわち構音習得遅滞と考えられるので，保護者に次のように助言した。

・正しい発音を弁別する語音弁別力を育てる必要があるので，親は常に正確な構音を聞き取りやすいように，はっきり与えること。
・子どもの誤った構音の矯正は，楽しく話をする中で行ない，誤った構音の部分だけを指摘しないように留意すること。

---

(4) 言語発達遅滞の診断と治療

これまでみてきたように，言葉の遅れの中には，早期に治療教育が必要なものから，家庭における配慮を十分に行なえば特別の治療教育を必要としないものまでいろいろある。

そこで，鈴木（1974）に基づいて，症状からおおよその予後を判定しようとすれば，次のようになるであろう。

まず予後が良好な徴候としては，①2歳になって単語，3歳になって2語文を話すこと，②言語機能以外の模倣行動，身ぶり表現，探索能力，社会性などがみられること，③多動性，自閉性などの行動上の問題がみられないこと，があげられる。

予後不良または特別な治療教育が必要なものとしては、①言語理解に顕著な遅れがあるもの、②指差しや身ぶり動作による表現を欠くもの、③行動上の問題が著しく、ことに対人接触に困難があるもの、があげられる。

次に、言語治療のあり方であるが、まず言語発達遅滞に及ぼす環境的要因について配慮する必要がある。村田（1973）は、共通する適切な扱い方として、以下のことを指摘している。

①生活経験を豊かにさせる。
②言語発達順序に従って指導する。
③子どもの生活に密着した言語刺激を与える。
④話したり読んだり唄ったりして聞かせる。
⑤子どもの働きかけ、とくに話しかけの相手になる。
⑥子どもの言葉の矯正・否定的批判はしない。
⑦話すことの価値と喜びを味わわせる。

また、子どもの自発的自己表現を促し、コミュニケーション活動を活発にするためには、子どもの要求や表現内容をよく理解できるようになることが大切である。家庭における親密な親子関係および家族関係の確立は、何にもまして重要な意味を持っている。

上記の理由により両親とりわけ母親に対する育児上のカウンセリングは、言語治療上重要な部分を占めることになる。特に、感受性が強かったり内向的だったりする子どもが、うまく話せないということを自覚すると、かえって口を閉ざしてしまうことがあるので、母親の受容的なかかわり方が大切となり、そのためのカウンセリングが必要なのである。

また、言語発達は大脳の成熟と密接な関係があり、大脳が一定の成熟段階に達しないと言葉は獲得できない。

図2-1は正常児の脳の重量の増加とレネバーグ（Lenneberg, E. H.）の主張する言語獲得の臨界期の関係を図示したものであるが、この図で明らかなように脳は生後2年間にきわだった重量の増加をとげる。

脳は2歳ごろになって生物学的な意味で言語獲得の準備ができると考えられ、このことを認識したうえで言語治療を開始しなければならない。

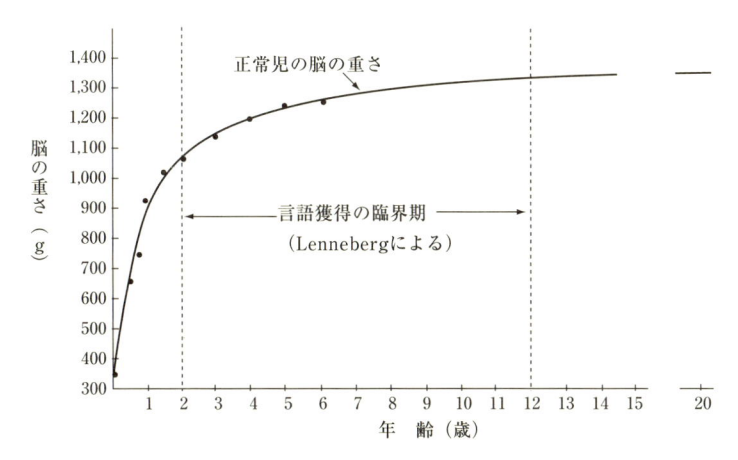

● 図2-1　正常乳幼児の脳の重量の増加と言語獲得の臨界期の関係（Lenneberg, 1967）
脳の重量の増加は Dekaban; Neurology of Infancy による。

(5) 言語治療のための教育機関・福祉機関

　幼児には成熟・発達という側面があるため，時間の経過とともに言葉の遅れが自然に解消されていくことはある。このように一過性の成熟の遅れであるのなら，特に治療は必要ない。3歳ごろになって，保育所や幼稚園のような集団に入れば，解消されることが多い。

　しかし，成熟の遅れが遷延する場合や，脳に器質的な病変があって中枢神経系の活動の発達が阻害される場合には，言語発達にも影響するので治療が必要である。

　言語発達遅滞児の治療は，図2-2のように心理療法と言語療法は重複し，治療が早期に開始されるほど斜線部分が拡大する。

　教育機関としては，特定の小学校に設置されている言語治療教室がある。これは，小学生のためのものであるが，幼児の教育相談および治療を行なっているところもある。また，聴覚障害の場合は，聾学校の幼稚部に通うことができる。そこでは，指文字や手話の指導が行なわれている。もちろん，それぞれの障害の内容や能力，環境などの条件の個人差は大きいため，個人のニーズに即したカリキュラムや指導法が考慮されなければならない。

　次に，福祉機関では，聴覚障害幼児通園施設がある。そこでは，保育士や言

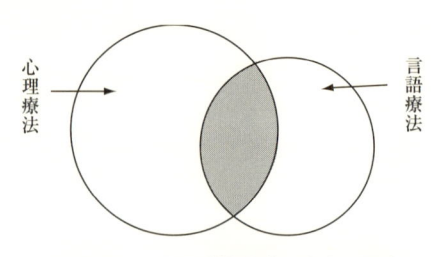

●図2-2 言語発達遅滞の療法の関連

語聴覚士（ST）が指導を行なっているが，聴覚障害児だけでなく言語発達遅滞児も対象になっている。

その他には，やはり言語聴覚士がいる病院でも言語治療が行なわれている。

いずれにせよ，言語発達上最も重要な時期である2歳前後から，早期指導，早期教育が必要である。

2 ── 精神発達遅滞

(1) 定義と分類

古くは精神薄弱という法律・行政用語が使われていたが，2002（平成14）年4月1日より知的障害と改められた。しかし，多くの行政機関においては，知的障害という名称を使いながら，実際には学術用語および医学的診断名としての精神遅滞の概念を適用しているというのが実情である。ただし，子どもの場合は，「精神発達遅滞」を使用することが多い。

しかし，精神発達遅滞はその原因がさまざまなため，一義的に定義することは困難である。先天性または出産時ないしは出生後早期に，脳になんらかの障害を受けているため，知能が未発達の状態にとどまっていると言えよう。

佐藤（1973）に従えば，精神発達遅滞の基本的特徴は以下のようになるであろう。

①脳及び中枢神経系における器質的または機能的な欠陥にもとづいて惹起された知的機能障害である。

②知的発達の遅滞（または停止）は持続的であることを特徴としている。

③知的障害に伴うパーソナリティ障害を要因とする適応能力の欠如により，

社会生活への自立が困難である。

これらは、症状が軽度のものより重度なものほど、欠陥が非器質的なものより器質的なもののほうが、それぞれ障害の臨床的特徴が明らかである。

知能に基づく精神発達遅滞の分類としては、知能指数（IQ）が、70あるいは75以下をもって精神発達遅滞としている。福祉の領域では、次のような程度別分類名で精神発達遅滞が区分されている。

- 軽度精神発達遅滞　　　IQ 50～75
- 中度精神発達遅滞　　　IQ 35～49
- 重度精神発達遅滞　　　IQ 20～34
- 最重度精神発達遅滞　　IQ 19以下

しかし、アメリカ精神遅滞学会（AAMR）の1992年分類マニュアルでは、個人のニーズを適切な支援のレベルに結びつけることを意図して、「軽度・中度・重度・最重度」という分類ではなく、必要な支援を「一時的・限定的・長期的・全面的」で表現している。このように、知的障害を固定的なものとしてとらえず、その人の資質と環境との相互作用の結果としてとらえる視点が、今後は必要であろう。

(2) 事後指導

精神発達遅滞についても、前述した3歳児健康診査、精神遅滞精密健康診査で発見されることが多い。比較的重度の遅れは、親が気づくが、軽度の遅れは見過ごされることもあるので、公的機関によって的確にスクリーニングされる必要がある。

＊3歳10か月の男児　精神発達精密健康診査時の様子
椅子に誘導すると素直に従い、一度も離席することはない。表情は明るく親和的で、不明瞭ながら発語意欲は高い。

　　　　＜新版K式発達検査　全DQ 65　全DA 2:06/CA 3:10＞
　　　　　　姿勢・運動　　（P-M）　DQ 76　　DA 2:11
　　　　　　認知・適応　　（C-A）　DQ 70　　DA 2:08
　　　　　　言語・社会　　（L-S）　DQ 59　　DA 2:03

第2章　幼児の教育相談・発達障害

> 全般的に軽度の遅れが認められる。特に言語面が弱く，指示の理解ができないと，自分の好きなことをしたり，違うことをしゃべったりと，場に合わない言動がみられる。
> 自由場面では，走りまわったり乱暴な行動を示すが，理解力が伸びてくれば，コントロールできるようになると思われる。

　母親は，言語面よりも落ち着きがないという行動面が気になっていた。そのため制止ばかりしていたが，言葉の理解力の弱さに起因していることがわかり，接し方を変えることができた。
　発達に遅れがあるときは，おおむね6か月後に事後指導を行なうようになっているが，遅れが軽度の場合は，保育所や幼稚園のような集団保育の効果が期待できる。

> ＊4歳6か月の男児　事後指導時の様子
> 部屋に誘うとすぐについてくるが，椅子に座ると母親を求め，母親が部屋を出ていこうとすると泣くので，同室してもらう。短時間であっても，1つのことに取り組むのは難しく，指示に従う姿勢も乏しい。
> 　　　　　＜新版K式発達検査　全DQ 44　全DA 2:00/CA 4:06＞
> 　　　　　　　姿勢・運動（P-M）　　DQ 51　　DA 2:04
> 　　　　　　　認知・適応（C-A）　　DQ 40　　DA 1:10
> 　　　　　　　言語・社会（L-S）　　DQ 48　　DA 2:02
> 2歳の発達レベルにあり，中度の遅れが認められる。3歳児健康診査のときに保育所の入所をすすめられ，1年前から通っている。そこで基本的生活習慣を身につけ，言葉数が増えて2語文を話すようになっている。しかし，保育士が一つひとつ声かけをしないと，次に何をすればいいのかわからないということである。

　事後指導のときは保育所に通っていたが，障害児加配の保育士がついて指導しないと，集団参加が困難な状況であった。両親は，知的障害児通園施設に通うべきか迷ったようである。確かに，この男児は知的障害児通園施設の対象であり，そこでは子どもだけでなく親も指導を受けることができる。地域の保育

所，幼稚園に通う場合は，当該児への理解，受け入れ態勢が必要である。

(3) 知的障害児のための通園施設

知的障害児通園施設では，就学前の子どもを対象とし，個々の子どもの状況に応じた療育を行なう。療育の，「療」は医療を，「育」は養育または保育を意味し，医学的治療と教育その他の科学を動員して障害児の残存能力や可能性を開発しようというものである。

知的障害児通園施設への入所は，児童福祉法の規定による福祉の措置であり，障害の早期発見，早期治療によりその障害の治癒または軽減を図ることを目的としている。

施設によって違うが，スタッフとして保育士，児童指導員だけでなく，言語聴覚士，心理判定員がおかれているところもある。

また，市町村によっては小規模ではあるが独自に通園施設を持っているところもある。ここでは，K市の教室を紹介したい。

最初は，K市療育教室として開設され，その後，K市療育教室訓練事業となり，さらにK市心身障害児通園事業となった。最近では，K市障害児通園（デイサービス）事業，そして児童デイサービス事業所としての指定を受けている。

対象および日程は以下のようである。
・2～4歳児　　月～金曜日　　AM 9:30～12:00
・5～6歳児　　月～金曜日　　PM 3:00～4:30
・小学生　　　土曜日　　　　AM 9:00～PM4:30

幼児の指導は，次のような内容で指導員と発達相談員（心理職）が行なっている。集団指導だけでなく，個人指導のためにポーテージ乳幼児教育プログラムを取り入れている。

①日常生活における基本動作（基本的生活習慣）の指導および助言
②身体運動機能の確立を促す指導
③集団生活への適応のための訓練
④心理的側面からの指導および助言
⑤保護者に対する療育上の指導および助言

(4) 療育手帳の判定

知的障害が認められる子どもに対しては，早期の療育とともに福祉の制度として療育手帳を案内することがある（ここでいう知的障害は，精神遅滞を意味する）。

療育手帳制度は，知的障害児（者）に対して一貫した相談・助言を行なうとともに，各種の援助措置を受けやすくすることにより，知的障害児（者）の福祉の増進を図ることを目的として，1973（昭和48）年から実施されている。

療育手帳の申請は福祉事務所にするが，児童福祉法による18歳未満の児童についての療育手帳の判定は，児童相談所が行なう。原則として医師，心理判定員等のチームにより行ない，障害の有無，程度等について検討する。

障害程度の判定は，知的機能，適応行動（あるいは適応能力）等により総合的に行なう。知的機能の水準については，標準化された個別式知能検査または発達検査の実施結果により分類する。適応行動については，保護者等からの聴取により社会生活能力の程度で判断する。

療育手帳は，障害の程度により重度の場合は「A」，その他の場合は「B」と判定され，原則として2年後に再判定を行なう。

療育手帳の効用は，判定の概要や処遇を受けた経過を正確に記録し，事後の処遇の参考とするとともに，特別児童扶養手当，国税・地方税の控除・減免等の手続き上の簡略化が図られることである。

(5) 障害受容の問題

N市における最近の1年半の療育手帳の件数をみると，新規判定が111件で，年齢では2～5歳にピークがあり合計59件，全体の53.2%を占めている。また，再判定が279件で，4～6歳にピークがあり合計65件，全体の23.3%を占めている。

以上のことからわかることは，知的障害児のための療育手帳を年齢の小さい幼児のうちから取得しているということである。しかも，重度の知的障害ではなく，中軽度のことが多いという事実を指摘することができる。

このことは，障害の早期発見，早期療育ということが浸透し，一般化してきていることの現われと言えるかもしれない。

しかしながら、1歳6か月健診などで「自分の子どもが知的障害かもしれない」と感じ始めた親の多くは、その現実を受容するまでに一定の時間を必要とする。1歳6か月健診から就学時健康診断までの期間は、ちょうどそれにあたることが多く、その時期は親に対する配慮が特に必要である。

したがって、知的障害が明らかであったとしても、療育手帳の案内は、親の障害受容の状況をふまえ、慎重に行なうべきである。

3 ── 自閉症（Autism）

(1) カナーとアスペルガー

Autismという言葉は、古くから精神医学の世界では、精神分裂病（現在は統合失調症）の心性を記述する用語として使われてきた。それ以前は、精神分裂病を早発性痴呆とよんでいた。この病気は、思春期から20歳代くらいで発症するため、人生を50歳、60歳の長さでみた場合に、「早発性」とよんだのである。

このことは、思春期より前の子ども、つまり幼児には精神病はあり得ない、と考えていたということを意味する。しかしこの言葉を別々に、しかもほぼ前後して、幼児に対して使い始めたのが、カナー（Kanner, L.）とアスペルガー（Asperger, H.）だった。

アメリカの精神医学者カナーが1943年に特異な行動の異常を示す11人の子どもの症例を報告し、翌年、それらの子どもたちをEarly Infantile Autism（早期幼児自閉症または早期幼年性自閉症）と名づけた。

また、カナーより1年遅れてオーストリアの小児医学者アスペルガーが、1944年にAutistic Psychopath（自閉的精神病質または自閉性性格異常）と名づけて、カナーの症例に似た症例を報告している。

カナーの考え方によれば、それは最も早い時期に始まる病気であり、順調な発達の過程ではみられないものであった。それに対してアスペルガーによれば、自閉というのは性格特徴の1つであり、その程度の強いものということになり、程度の問題ということになる。

わが国では1952（昭和27）年に、鷲見たえ子によって最初の症例報告がなされた。この報告は当時大きな反響をよび、その後自閉症と診断される子ども

たちが増加していくのである。

(2) カナーによる自閉症の特徴
カナーは，自閉症の特徴を5つの面から述べている。

①周囲からの極端な孤立
この子どもたちのまわりの人々やまわりの物とのかかわり方は，ふつうの子どもとは全く異なっている。呼びかけ，あやしかけに対しても反応が乏しく，まわりに生き生きした関心を向けようとしない。ただ自分だけの殻に閉じこもっているのを楽しんでいるような印象をまわりの人々に与える。抱き上げようとしても，抱かれようとするしぐさもせず，まるで丸太をかかえているような感じを与える子どももいると報告されている。

②言葉の発達の特有なゆがみ
機械的な記憶力は優れ，曜日，動物の名前，電話番号，歌詞などはすらすら言えるようになっても，相手から問われることは意味がわからず，オウム返しになってしまう（反響言語）。

また，カナーの症例では，IとYouの使い分けが混乱しており，主客転倒という用語で説明されているが，話しかける相手と話しかけられる自分の関係が，しっかり把握できないところから生じてきた現象とみなすことができる。

③強迫的な同一性保持の傾向
ものごとの順序や，まわりの物の配置のされ方にこだわって，いつも同じようになされていないと気がすまないという傾向が，多くの子どもにみられる。この同一性保持は，自分と接する人にも要求される。

④ある物への極端な興味・関心と巧みさ
対人的な関心は乏しいのに，あるものごとにはとても興味を示し，執着する。さきに述べた同一性保持の傾向が，積極的にあることに向けられたとき，そのことについて，すばらしい技能をみせることさえある。たとえば，特殊なマークや記号，電車の時刻表，動植物図鑑に記載してあることを，正確に記憶したり，模写したりする子どもがいる。

⑤潜在的な知能
実際的な知能は低いレベルにとどまる子どもも多いが，すべての面で落ち込

んでいるのではなく，潜在的にはかなりの認知能力を持っているとみなされる。知的で利発そうな顔貌をしていて，状況によって微妙な表情の変化をみせる子どもの多いことや，過去のことをよく記憶していたり，図形の組み合わせや，パズルや，記号の模写など動作性の課題がこなせることも，潜在的な知能を示す証左とみなされる。

(3) 自閉と情緒障害

　カナーとアスペルガーの報告以来，自閉が精神病か性格の偏りかという形で論議されてきた過程がある。この中で，情緒障害という用語が出てきてから，さらに混乱が生じたものと思われる。

　情緒障害という言葉は，1961（昭和36）年の児童福祉法の一部改正により「情緒障害児短期治療施設」が発足したときから使われるようになった。したがって，学術用語としてではなく，行政上の用語として使われだしたのである。

　その内容は，たとえば人間関係がうまくいかないなどの原因で，感情生活に歪みが生じ，そのために行動異常を起こしたもの，としている。すなわち，情緒障害という用語は，心因性行動異常に近い意味で使われ，成人の神経症に相当するものが，子どもでは情緒障害という用語となった。したがって，その中に心因性のものではないと考えられた自閉症は除かれていたのである。

　一方，ほぼ同時期に，情緒障害という用語は，文部省（現 文部科学省）によって教育の世界でも使われるようになった。そして，1967（昭和42）年に行なわれた児童の心身障害に関する実態調査で，情緒障害の中に自閉症を含めたのである。このため，現在では，情緒障害に自閉症を含めて使われることが多い。あるいは，情緒障害イコール自閉症と思っている人がいるほどである。

　このような矛盾が生じたのは，自閉症の定義と神経症や情緒障害などは概念的にも重複し，まぎらわしいためである。しかし，初めは分裂病の子ども版という考えがあったが，脳波異常を示す例がみられることから器質的な障害が考えられるようになった。すなわち，成人の分裂病とは別のもの，いずれにせよ心因性のものではないという考えが強くなったのである。

(4) 広汎性発達障害

　DSM - Ⅲ - R（1987 年）では，発達障害として精神遅滞，広汎性発達障害，特異的発達障害があげられている。このうち広汎性発達障害の中心が自閉性障害である。具体的には，対人的相互反応における質的な障害，言語的および非言語的意志伝達や想像上の活動における質的な障害，活動，興味などのレパートリーが著しく限られている。

　DSM - Ⅳ（1994 年）では，広汎性発達障害として自閉性障害，レット障害，小児期崩壊性障害，アスペルガー障害，特定不能の広汎性発達障害があげられている。

　自閉性障害は，以下のように診断される。

A．(1)，(2)，(3) から合計 6 つ（またはそれ以上），うち少なくとも (1) から 2 つ，(2) と (3) から 1 つずつの項目を含む。
　(1) 対人的相互反応における質的な障害で以下の少なくとも 2 つによって明らかになる。
　　（a）目と目で見つめ合う，顔の表情，体の姿勢，身振りなど，対人的相互反応を調節する多彩な非言語性行動の使用の著明な障害。
　　（b）発達の水準に相応した仲間関係を作ることの失敗。
　　（c）楽しみ，興味，成し遂げたものを他人と共有することを自発的に求めることの欠如。
　　（d）対人的または情緒的相互性の欠如。
　(2) 以下のうち少なくとも 1 つによって示される意志伝達の質的な障害。
　　（a）話し言葉の発達の遅れまたは完全な欠如。
　　（b）十分会話のある者では，他人と会話を開始し継続する能力の著明な障害。
　　（c）常同的で反復的な言語の使用または独特な言語。
　　（d）発達水準に相応した，変化に富んだ自発的なごっこ遊びや社会性をもった物まね遊びの欠如。
　(3) 行動，興味および活動の限定され，反復的で常同的な様式で，以下の少なくとも 1 つによって明らかになる。
　　（a）強度または対象において異常なほど，常同的で限定された型の，1

つまたはいくつかの興味だけに熱中すること。
(b) 特定の機能的でない習慣や儀式にかたくなにこだわるのが明らかである。
(c) 常同的で反復的な衒奇的運動（例えば，手や指をばたばたさせたりねじ曲げる，または複雑な全身の動き）。
(d) 物体の一部に持続的に熱中する。

B．3歳以前に始まる，以下の領域の少なくとも1つにおける機能の遅れまたは異常：(1) 対人的相互作用，(2) 対人的意志伝達に用いられる言語，または (3) 象徴的または想像的遊び。

C．この障害はレット障害または小児期崩壊性障害ではうまく説明されない。

(5) 事例研究

　自閉に関しては，自閉児，自閉傾向，自閉性障害などの用語があるが，使い方の傾向としては，「自閉症」は自閉症状が明確なときに，「自閉傾向」はその症状が軽度のときに用いることが多いと思われる。

　また，自閉と精神発達遅滞は別のものであるが，実際にはそれらが合併している例が少なくない。乳幼児期には自閉の症状が前面に出ていても，年齢を重ねるとともに精神発達遅滞のほうが前面に出てくるといえよう。

　以下に，その例を示す。

①ケースの概要

　保育園に通っている2歳6か月の男児S男。家族は両親健在で，同じ保育園に通う5歳の姉がいる。

　保育園での様子は，園生活の流れに徐々に沿うようにはなってきているが，他児へ関心を示さず落ち着きもなく，思いどおりにならないと奇声を発する。また，言語面においては喃語を発する程度である。

②生育歴

　胎生期は特に異常なく，出生時は熟産で体重は3,500 gであった。首のすわりは3〜4か月，初歩14か月，初語はマンマではっきりしないが遅かったという。ひきつけ，既往症はない。

　S男が1歳9か月のときに，父親の病気療養のため母親が商売に専念しなけ

ればならなくなり，祖母に預けられていた。その後，2歳4か月のときから保育園に入園した。

③遠城寺式・乳幼児分析的発達検査
・移動運動　　（2:0 〜 2:3）　DQ 85
・手の運動　　（2:0 〜 2:3）　DQ 85
・基本的習慣　（1:9 〜 2:0）　DQ 75
・対人関係　　（1:9 〜 2:0）　DQ 75
・発　語　　　（0:11 〜 1:0）　DQ 38
・言語理解　　（1:0 〜 1:2）　DQ 43

　臨床像は1歳後半であるが個人内差が大きく，不均衡な発達プロフィールを示している。2歳前からの生活環境の影響もあると思われるが，乳児期から活動水準が低く，刺激に対する受容・表出が乏しかったようである。

　対人関係では，視線は合い，指示にも従えるが，友だちと手をつなぐと払いのけ，ひとり遊びが多く，自分の要求はクレーン現象（相手の手を持って物へ近づける動作）で示すといった自閉傾向が認められる。発語はマンマ1語である。

④その後の発達状況
＜3〜4歳時の様子＞
・田中ビネー知能検査　IQ 63 MA 3:0 / CA 4:9

　2語文で話すが，自分の要求の場合が多い。叱られることが多いせいか「したらだめ」「ごめんなさい」などの単語をよく言う。

　言葉の遅れと認知能力の偏りにより，対人的には自分以外の人間がしていることにはあまり関心を示さず，自分のしたいことだけをしていることが多い。しかし，他児の存在は気になるようであり，言葉のやりとりや感情的交流が持ちにくいため，一方的にたたくなどの衝動的行為に出やすい。

　また，自分が関心のあることは飽きることなく行なうこだわり傾向を示すが，対人的には叱られるなどして欲求不満状態になると，すぐに攻撃行動となって仕返しすることにこだわり続ける。

　3歳11か月のときにコンピュータ断層撮影（CT），脳波検査（EEG）をしているが異常なしである。

＜5〜6歳時の様子＞

・田中ビネー知能検査　IQ 53 MA 3:4 / CA 6:3

5歳になってから母親がS男と接触できる時間を長くしたいということで幼稚園に変わっている。

視線が合い，言葉にも感情がこもっていて，表面的には自閉的な感じがしないが，言葉のやりとりになるとオウム返しがみられるし，身体に触ると顔つきが変わってしまう。また，興味をひくことは長い間続けるが，興味をひかないと無視するなど，極端な傾向が残っている。

相手にかかわりを求め自然なかかわり方もできる一方で，物や人に対する攻撃的なかかわり方も多く，攻撃性の処理，望ましい方向への転換が課題としてあげられる。

＜予後について＞

S男の発達過程を見ると，非言語性知能に比べて言語性知能の遅れが大きく，自閉症状は薄らいできたが象徴機能の獲得に限界があるように思われる。

したがって予後については，自閉症と発達障害としての位置づけが近接しており，臨床像のうえでも共通点の少なくないLD（学習障害）へと変化することも考えられるが，知能指数が徐々に低下しており，軽度の精神発達遅滞と診断される発達レベルにとどまる可能性が高いと思われる。

4 ── 注意欠陥／多動性障害

(1) 診断カテゴリー

① **DSM－Ⅲ－R**（1987年）

注意欠陥・多動障害（Attention-deficit Hyperactivity Disorder）

注：その行動が同年齢にある大多数の者より，かなり頻繁にある場合のみ，基準をみたすものとせよ。

(1) 以下の行動のうち少なくとも8項目が存在する期間が少なくとも6か月続く障害。

　（a）手足をたびたびそわそわと動かす，または椅子でもじもじする（青年期では，落ち着けないという主観的感情に限られるかもしれない）。

　（b）言われても座ったままでいることが困難。

　（c）外界からの刺激で容易に気を散らす。

（d）ゲームや集団的な状況で順番を待つことが困難。
（e）しばしば質問が終わらないうちに答えてしまう。
（f）他者の指示に従ってやり通すことが困難（反抗的行動，または理解の障害に起因するものではない），例，小さな用事をやり遂げられない。
（g）勉強や遊びの活動に注意を集中し続けることが困難。
（h）しばしば1つのことが未完成のまま，次にうつる。
（i）静かに遊ぶことが困難。
（j）しばしば喋りすぎる。
（k）しばしば他人の邪魔をしたり介入したりする，例，他の子どもたちのゲームの邪魔をする。
（l）自分に話しかけられたことをしばしばよく聞いていないように見える。
（m）学校や家庭での勉強や活動に必要なものをしばしば紛失する（例，玩具，鉛筆，本，宿題）。
（n）起こり得る結果を考えずに，しばしば身体的に危険な行動をとる（スリルを得たい目的のためではない），例，よく見ないで道路に飛び出す。

注：上の各項目は崩壊性行動障害の DSM‐Ⅲ‐R 基準の全国臨床試行によるデータに基づいて，識別力の大きいものから順に並べられている。

（2）七歳未満の発症。
（3）広汎性発達障害の基準を満たさない。

② **DSM‐Ⅳ**（1994年）

注意欠陥／多動性障害（attention-deficit/hyperactivity disorder: ADHD）

A．（1）か（2）のどちらか：

（1）以下の不注意の症状のうち6つ（またはそれ以上）が少なくとも6か月以上続いたことがあり，その程度は不適応的で，発達の水準に相応しないもの：

＜不注意＞
（a）学業，仕事，またはその他の活動において，しばしば綿密に注意することができない。または不注意な過ちをおかす。
（b）課題または遊びの活動で注意を持続することがしばしば困難である。

（c）直接話しかけられた時にしばしば聞いていないように見える。
（d）しばしば指示に従わず，学業，用事，または職場での義務をやり遂げることができない（反抗的な行動，または指示を理解できないためではなく）。
（e）課題や活動を順序立てることがしばしば困難である。
（f）（学業や宿題のような）精神的努力の持続を要する課題に従事することをしばしば避ける，嫌う，またはいやいや行う。
（g）（例えばおもちゃ，学校の宿題，鉛筆，本，道具など）課題や活動に必要なものをしばしばなくす。
（h）しばしば外からの刺激によって容易に注意をそらされる。
（i）しばしば毎日の活動を忘れてしまう。

(2) 以下の多動性－衝動性の症状のうち6つ（またはそれ以上）が少なくとも6か月以上持続したことがあり，その程度は不適応的で，発達水準に相応しない：

＜多動性＞
（a）しばしば手足をそわそわと動かし，またはいすの上でもじもじする。
（b）しばしば教室や，その他，座っていることを要求される状況で席を離れる。
（c）しばしば，不適切な状況で，余計に走り回ったり高い所へ上ったりする（青年または成人では落ち着かない感じの自覚のみに限られるかもしれない）。
（d）しばしば静かに遊んだり余暇活動につくことができない。
（e）しばしば"じっとしていない"またはまるで"エンジンで動かされるように"行動する。
（f）しばしばしゃべりすぎる。

＜衝動性＞
（g）しばしば質問が終わる前に出し抜けに答えてしまう。
（h）しばしば順番を待つことが困難である。
（i）しばしば他人を妨害し，邪魔する（例えば，会話やゲームに干渉する）。

B．多動性－衝動性または不注意のいくつかが7歳未満に存在し，障害を引き

起こしている。
C．これらの症状による障害が2つ以上の状況〔例えば，学校（または仕事）と家庭〕において存在する。
D．社会的，学業的，または職業的機能において，臨床的に著しい障害が存在するという明確な証拠が存在しなければならない。
E．その症状は広汎性発達障害，統合失調症，またはその他の精神病性障害の経過中にのみ起こるものではなく，他の精神疾患（例えば，気分障害，不安障害，解離性障害，または人格障害）ではうまく説明されない。

以上のように，DSM-Ⅲ-Rでは注意欠陥・多動の内容が一括りにされていたが，DSM-Ⅳでは不注意と多動性−衝動性に分けられているのが特徴である。したがって，ADHDには不注意のタイプと多動性−衝動性のタイプがあると考えられる。

(2) 微細脳障害症候群

脳と行動の深いかかわりは，早くから注目されていたが，脳損傷と特異な行動群の結びつきが初めて明らかにされたのは，1920〜1930年にかけてのことである。脳損傷行動症候群として報告されているのは，落ち着きのなさ，不眠，易刺激性，注意転導，情緒障害といった奇異な行動群である。

次に，脳損傷児の行動特徴がより明確になり，治療，特に治療教育への道が開かれたのは，1940〜1950年にかけてである。特にストラウス症候群の名で知られるように，ストラウス（Strauss, A. A.）は脳損傷児にみられる行動，学習上の障害を明らかにし，治療教育への道を開くという大きな役割を果たしている。

治療教育の可能性とともに，微細脳損傷への関心は急速に高まり，1962年にはこれをテーマに各国の小児神経学者がイギリスのオックスフォードに集まり，研究会が開かれている。ここで，脳の器質的損傷が確認されていないのに，治療不能との印象を与える脳損傷という名称は適切ではないとの理由から，損傷（damage, injur）という名称を捨て，機能障害（または障害：dysfunction）という用語を用いることが提案され，微細脳（機能）障害または微細脳障害症候群（minimal brain dysfunction syndrome: MBD）との診断

名が初めて提唱された。この際，微細であることがはっきりしないまま，この用語を使うことについての異論が出たが，その論議は後々まで尾をひくことになった。

アメリカの精神医学会では，1981年以降，MBDに代わる診断名として，注意欠陥障害（attention deficit disorder）との名称を提案し，実施している。これは，MBD批判に答える1つの動きと考えられるものである。

以上のように，脳損傷，ストラウス症候群，次いで微細脳障害症候群と，MBD誕生の歴史をみてきたが，このことは概念や用語の混乱を避けるためには必要なことである。

しかし，症候群には，主徴とよばれる2, 3のはっきりした中核症状があるが，MBDの臨床症状は多彩で，これはというはっきりしたものはない。したがって，MBDとの診断から症候群としてのイメージは浮かんでも，個々の臨床症状にはかなりの差がある。

このことが，MBDは「診断のくずかご（waste basket）」と批判されることになり，実際，原因がわからない場合，何でもそこに持っていける便利さから，MBDの乱用の傾向がみられたことは確かである。

特に，障害が微細であればあるほど，その性質は多彩で，診断が難しく，治療方針が立てにくい。そのため，治療困難という印象を与えることになったのも事実である。

(3) 多動症候群

多動症候群（hyperkinetic syndrome）は，多動を行動症候群としてとらえる立場である。これは，原因ないし病因論的なアプローチ・発想とは別に，多動を現象としてとらえようとするものである。

古くから多動の原因として脳損傷を想定することが多く，1950年代まで多動行動は，微細脳（機能）障害，微細脳損傷，脳損傷症候群などの子どもたちの示す行動異常の1つとされ，これらの概念と多動とは同義語のように用いられていた。

しかし1960年代に入り，脳障害の診断基準の1つとされる脳波検査を用いた研究の結果により，多動症候群の原因は脳損傷に限定することはできず，他

にも原因があることが指摘されるようになった。そこで，多動症候群は原因論とは一応切り離されて，行動症候群を示す用語として用いられるようになってきたのである。

江川（1987）に従って，多動症候群の行動特徴を基本的特徴と二次的特徴とに分けて説明すると，以下のようになる。

①基本的特徴

多動性，注意の転導性，衝動性，興奮性の4つの特徴を，基本的特徴としてあげることができる。

・多動性

　最も共通してみられる行動上の偏りは，多動（過動）である。これは，多くが生まれたときから示す特徴であるが，多動の中身は，発達段階や場面・状況によりさまざまである。しかし，同年齢の多くの子どもに比べて，落ち着きがなく，目的もなく動き回るという点で共通している。

・注意の転導性

　多動性ほどではないが，「注意集中の困難」と「注意の転導性」が特徴としてあげられる。注意集中の困難は，「注意が持続できない」「課題を最後までやらない」「言われたことをすぐ忘れてしまう」「不注意である」「言われたことを思い出せない」「長い時間，人の話を聞いていられない」などの表現で指摘されることが多い。また，注意の転導性というのは，ちょっとした周囲の刺激にも敏感に反応し，課題の最中に気が散ってしまうことである。注意集中の困難が自分自身の意図（内面）への注意の転導だとすれば，注意の転導性のほうは，外部環境への注意の転導と言えよう。

・衝動性

　よく考えずに突然行動してしまうことで，たとえば「突然外へ飛び出す」「高いところへ登る」など向こうみずな行動をする。こうした特徴を衝動的あるいは衝動性とよんでいる。

・興奮性

　ちょっとしたことでも，自分の思うようにならないと，非常に乱暴になって物をひっくり返したり，怒りだしたり，不機嫌になったりする。しかも怒りだすと，見さかいがつかなくなり，いわば爆発的になってしまう。こ

うした特徴を,「怒りっぽい」とか「短気である」と表現される。

②二次的特徴

二次的特徴は,基本的特徴に基づいて後天的に生活経験の中で生じるものであったり,多分に生得的であっても一部にみられる特徴である。

・知能のアンバランスと知覚の問題

　知能の発達にバランスを欠いていて,たとえば語彙が優れていて,記憶力がふつうで,問題解決力がやや遅れているという子どもがいる。また,知覚上の問題として,左右の区別ができなかったり,まれではあるが上下の区別ができない子どももいる。

・目と手の協応の障害

　色をぬること,はさみで切ること,ボタンをかけること,靴のひもを結ぶこと,字を書くこと,ボールを投げたり受けたりすることなどがへたである。したがって,この協応を多く要するスポーツなどは苦手となってくるが,走る,泳ぐなど粗大な筋肉をおもに使う運動やスポーツでは,特に支障はみられない。

・学習の障害

　幼稚園でもそうであるが,小学校に入ると,学習上の障害を新たに示すようになる。そもそも落ち着きがなく,多動でしかも注意散漫であるため,授業中の学習態度がなかなか身につかない。その結果,当然ながら基礎学力の習得に支障が出てくる。いわゆる学習の遅れ（学業不振）は,小学校中学年になると歴然としてくる。

・協調性欠如

　きょうだいや友だちにいたずらをしたり,じゃまをしたりして,迷惑をかけることがよくある。他の子と遊んでいるときは,何かとリーダーシップをとろうとして,結局は自分勝手なふるまいをしてしまう。また,自分が気に入らないやり方なら,みんなと一緒に遊ばない。こうした行動は,協調性欠如とか自己中心的といえるもので,基本的特徴の1つである衝動性によるものと考えられる。

(4) 多動の規定要因

多動は，その発症因が多岐にわたり，その解明が容易ではない行動問題であるが，以下のことが発症因として考えられる。

①脳器質障害

前述したように，多動の子どもの多くが，脳損傷を持っているとみなされてきた。しかし，その後の研究で，脳損傷が多動行動をもたらすにしても，脳損傷がなくても多動行動が生じることが知られるようになった。また，大部分の多動の子どもは脳損傷ではなく，しかも多くの脳損傷の子どもは多動ではないという報告もあり，脳損傷が認められる子どもの一部に，多動行動が認められると言ってよいであろう。

②脳機能不全

脳の機能不全が多動を生じさせるという点で，多くの専門家の見解は一致している。この見解は，脳の構造ではなく機能に問題の原因を求めるためで，主として薬物投与に関する神経化学的研究によるところが大きい。神経化学的研究の成果は注目に値するものであり，問題行動のみならず行動一般についての心理学的研究や，心理臨床や治療教育の基礎として，今後一層の発展が期待される。

③遺伝的要因

ある特質がどのくらい遺伝的規定性の強いものであるかを調べるには，発達心理学の分野でよく用いられる家系法と双生児法とがある。多動の問題にも，これらの方法が利用される。この結果，多動が100パーセント遺伝によるわけではないものの，遺伝規定性が割合強いため，多動が生まれつきのものであるというとらえ方をしている。もちろん，養育態度をはじめ，きょうだい関係や交友関係をとおして後天的に影響を受けている部分もある。

④環境的条件による情緒障害

環境的条件，とりわけ親の養育態度や家族の人間関係といった家庭環境に問題があって子どもが情緒不安定になり，その現われとして多動行動がみられることがある。しかし，その割合はごく一部であり，むしろ子どもの多動のために，家族が苦しんで家庭内にストレスが生じているというのが実態であろう。

⑤精神遅滞あるいは自閉性障害

精神遅滞の場合にも，多動行動がみられることがある。精神遅滞のごく軽度かボーダーラインの場合は，その遅滞の程度がはっきりと確認されにくいので，親や先生から過度の負担となるような期待と扱いを受けることになる。その結果，注意の持続が困難になったり，多動になったりする。

自閉症の中にも，多動行動を示す子どもがいる。この場合，多くは脳器質障害や精神遅滞の子どもが示す多動行動と類似したものである。しかし中には，同じ行動ないし反応をくり返し行なう子もいる。これは，常同的反復運動という形での多動行動である。

(5) 事例研究

注意欠陥／多動性障害（ADHD）と多動症候群とは必ずしも一致しないが，中身は共通することが多い。しかし，このように診断される子どものすべてが，明らかな多動性を示すわけではない。それほど多動ではないが，その他の特徴をいくつか持っていることで，そのように診断されるのである。

以下で紹介するI男は，医者からADHDとは断定できないが，多動傾向があるのでADHDの疑い，つまりグレーゾーンと診断されたケースである。そのときの両親のチェックから，「精神的集中力を要する課題を時どき避けたり，嫌ったりする」「時どき席を離れようとするので注意を受ける」「走り回ったり，よじ登ったりすることが，しばしばみられる」ということがI男の行動特徴である。

I男は，知的にはノーマルであり，むしろ知的レベルは高く，自閉傾向もみられない。両親の養育のしかたに，特に偏りがあるようには思えない。母親が就労していたので，2歳半のときから保育園へ通っている。

①保育園入園からの経過

・X年4月　K保育園に通い始める（2歳7か月）。
・X＋1年　秋ごろからパニックが出始める。
　「部屋をうろうろしたり，先生にかみついたり，たたいたり，けったりと暴力的になった」
・X＋2年3月　K保育園園長より市保健センターへ電話相談。
　「3歳を過ぎてから園や家庭でたびたびパニックを起こし，園では走り回っ

たり，保育士の手をかんだり，家ではタンスをひっくり返すなど自制ができない様子で対応に困っている」
- X＋2年3月　市保健センターで発達相談（4歳6か月）。
「平静に園の様子などを話してくれることもあれば，スタッフをたたいたり，かんだり，靴を投げたり，豹変することがあった。発達はノーマル」
- X＋2年4月　母親より当所（児童相談所）にTELあり。保育園から加配の必要があるため，検査を受けるように言われたとのこと。
「病院で診てもらったが，現時点で異常はないがADHDかもしれない。グレーゾーンであると診断された」
（母親から聴取したことと園の情報とでは大きなギャップがある。母親には園に対する不満，不信がある）
- X＋2年7月　K保育園を訪問し，ケースカンファレンスを行なう。
- X＋2年10月　当所へ母子来所。
（鈴木ビネー式知能検査　IQ 113 MA 5:10／CA 5:2）
- X＋2年11月　K保育園訪問。
「夏以降，集団行動ができなくなっている。皆と同じ部屋に入ったり，食事をしようと促したりすると，『皆とだったらイヤ』と怒ってしまう。制作の時間は，失敗を嫌がり，保育士の評価を常に気にしている」
- X＋3年4月　S保育園へ転園（5歳7か月）。
- X＋3年5月　母親，第二子（妹）出産。
- X＋3年11月　母親より当所にTELあり。
園の担任から「保育している中で戸惑うことがある」と言われ，市保健センターへ行くことをすすめられたので，ここへ連絡したとのこと。
- X＋3年11月　事前に園長からTELがあり，主任，担任来所。
「友だちと一緒に遊ぶことは少なく，ひとりでいることが目立つ。自分の興味のあることには執着するが，気に入らないことがあると物を投げたり部屋を出ていってしまったりし，制止が耳に入らない。食事中もずっと座っていられない。落ち着いているときは，よく話をしてくれるのだが，本児からの一方的なものになりがちで，こちらの問いかけに的確な答えが返ってこない」

- X＋4年2月　主任，担任来所。
「場面転換により気持ちの切り替えができやすくなった。カッとなって物にあたったり，狭いところに入り込むことはあるが，自分でコントロールできる部分がみられるようになった。最近の様子は，人なつっこく小さい子をかわいがり，好きなことはコツコツと集中してできる。そうでないことでも集中する時間は短いが，皆と一緒にできている」
- X＋4年4月　小学校（通常学級）へ入学。
- X＋4年5月　母親より当所へTELあり。
「1年生の担任から，このような子は初めてで，どう接していったらいいか悩んでいると言われた。母としては，この間の授業参観で，積極的に手を上げ落ち着いた様子を見て喜んでいた」
- X＋4年6月　母親より当所へTELあり。
学童保育でトラブルがあり相談したいとのこと。
- X＋4年7月　当所へ母子来所。
「学童の先生から，この子の行動がふつうじゃないと責められた。他児に危害を加えたりけがを負わせることがあってはいけないので，学童をやめてほしいと言われた。担任の先生は，この子のことを理解しうまく扱ってくれている」

②解　説

本児は，2歳7か月のときからK保育園へ通い始めたが，4歳を過ぎてから特徴的な行動を示すようになった。すなわち，多動性・衝動性の症状である。

母親は，本児の家庭における行動に対してあまり問題を感じていなかったので，むしろ保育園での対応に問題があるのではないかと思った。そして，園での様子を本児の目の前で一方的に言われることに不快感を持った。特に園長から「お手上げ状態」と言われ，園に対する不満，不信を強めた。

確かに扱いにくい子どもで対処のしかたがわからなかったのだろうが，「○○できませんでした」と悪い点ばかりを指摘し，「言い聞かせてください」と母親に要求することで，園の姿勢が疑われることになったのは否めない。

しかし，S保育園へ転園しても同じことが起こった。やはり予想できない行動，理解できない行動がみられ，園が戸惑うことが多かったようである。

S保育園がK保育園と違っていたところは，許容力があって長い目で子どもをみようとしたことと，悪い面だけでなく良い面を認めたことである。これは，園の姿勢の問題であり，加配の先生がいるかいないかということよりも重要である。

　S保育園へ転園したことで，母親は園の対処のしかたの問題だけではないということが認識できたものと思われる。この時期は，母親は精神的に安定していたのではないだろうか。

　しかし，母親の苦悩はまだ続く。小学校へ入学し，本児と会った先生が異口同音に「このような子どもに会うのは初めて。今までに会ったことのない子ども」と表現した。奇異な印象，変わった子どもということなのだろう。

　子どもの発達可能性を信じて忍耐強くかかわれば，少しずつ行動の特徴，対処のしかたが理解できてくる。担任の先生はそうなったが，学童の先生はそこまでいかず，母親に新たな悩みが生じたのである。

5 ── 愛着障害

(1) 愛着と愛着障害

　愛着（アタッチメント）とは，ある特定の対象との間に形成される愛情の絆のことで，通常は乳幼児と母親との間に結ばれる絆のことを言う。

　愛着という言葉をこのような意味で用いたのは，イギリスの精神科医ボウルビィである。

　愛着形成は，エリクソンのライフサイクル理論における乳幼児の基本的信頼感と同様に，乳幼児の重要な発達課題と言える。

　被虐待児では，親との間に安定した関係を経験できないことから，愛着形成に問題が生じやすいことは容易に予想できる。このように，愛着形成が適切に行なわれなかった場合にみられる心理行動上の問題を愛着障害（attachment disorder）という。

　愛着障害は被虐待体験だけでなく，主たる養育者が変わる，施設での養育体験や里親を転々と代わる体験などでも生じることが考えられる。すなわち，ホスピタリズム（施設病）の原因として，マターナル・デプリベーション（母性剥奪）が示唆されるのである。

愛着障害については，DSM‐Ⅲ（1980年）に初めて記載され，現行のDSM‐Ⅳ（1994年）では，「幼児期または小児期早期の反応性愛着障害（reactive attachment disorder of infancy or early childhood: RAD）」とよばれている。

(2) 心的外傷後ストレス障害

死の恐れや重大な外傷，災害，暴力状況など，身体やこころの安全が強くおびやかされる出来事を心的外傷（トラウマ）という。

このような心的外傷体験のあと，特有の精神の不安定状態が持続することを心的外傷後ストレス障害（post-traumatic-stress-disorder: PTSD）という。

不安と抑うつを中心とするが，おもな症状としては，心的外傷を受けたときと同じ行動や不安などの感情が何度もくり返される（再体験），心的外傷と関連するような事柄を無意識的に避ける（回避），常におどおどした感じで周囲のすべてのものごとに警戒心を持つ（覚醒レベルの亢進），などである。

PTSDを起こす出来事，体験の中には，児童虐待も含まれる。その意味で，被虐待児には大なり小なりトラウマがあると言っていいし，こころの治療が必要なのである。

(3) 被虐待児の心理

被虐待児は，身体的に目に見える外傷，火傷，熱傷，骨折だけでなく，乳幼児のころからの保護者の不適切なかかわり（ネグレクトなど）の中で，発達遅滞，情緒行動障害もあわせ持ち，前述したように目に見えないトラウマによる後遺症が深刻で，複雑で多様な心理的課題をかかえている場合が多い。

大きくは，自己概念の歪みと人間不信であるが，そこから独特の対人関係のパターンが生じてくる。すなわち，①無差別的愛着傾向，②力に支配された対人関係，③対人関係の回避傾向，④虐待的人間関係の再現傾向，である。

①は誰にでも甘えるという親密な人間関係の歪み，②は強いものへの従順さと弱いものへの抑圧・攻撃性，③は人間関係を苦痛なもの，不快なものとして避けることであり，④は最も問題となることで，被虐待児は「自分が悪いから罰として虐待を受ける」と思っていて，罰を受けないと不安定になり挑発してくるという，いわゆる虐待されたことによる「試し行動」である。

特に幼児の場合は，以下の DSM‐IV（1994年）の「幼児期または小児期早期の反応性愛着障害」が該当する。

5歳未満で始まり，ほとんどの状況において著しく障害され十分に発達していない対人関係で，(1) または (2) によって示される。
(1) 対人的相互作用のほとんどで，発達的に適切な形で開始したり反応したりできないことが持続しており，それは過度に抑制された，非常に警戒した，または非常に両価的で矛盾した反応という形で明らかになる（例えば，子どもは世話人に対して接近，回避および気楽にさせることへの抵抗の混合で反応する，または固く緊張した警戒を示すかもしれない）。
(2) 拡散した愛着で，それは適切に選択的な愛着を示す能力の著しい欠如（例えば，余りよく知らない人に対しての過度ななれなれしさ，または愛着の対象人物選びにおける選択力の欠如）を伴う無分別な社交性という形で明らかになる。

(4) 虐待する人，虐待される子ども

おもな虐待をする人（虐待者）は，実母が 60 ～ 70％を占め，実父と合わせると約 90％となる。

一方，虐待される子ども（被虐待児）の年齢をみると，学齢前の乳幼児がほぼ半数であることがわかる。

以上のことが，表 2-1，表 2-2，表 2-3 に示されている。

虐待がくり返されていたり，そのおそれが大きい場合には，親子分離が必要であり，短期のときは児童相談所の一時保護所に，長期のときは乳児院または児童養護施設に入所させることになる。

児童福祉法で乳児とは1歳未満をさすが，1998（平成10）年の改正児童福祉法では，保健上その他の理由により特に必要のある場合には，おおむね2歳未満の幼児についても対象となることが明記された。

しかし現行制度では，乳児院に入所した児童がおおむね2歳を迎えると児童養護施設への措置変更を行なわざるを得ず，愛着形成が重要な局面にある一方で，環境への適応能力が不十分な時期に生活環境の大きな変化を経験させることとなるため，児童の健やかな成長に深刻な影響を及ぼす場合があることが指

2節 発達障害

● 表2-1 児童相談所における虐待相談処理件数の年度別推移

2年度	3年度	4年度	5年度	6年度	7年度	8年度	9年度
[1]	[1.06]	[1.25]	[1.46]	[1.78]	[2.47]	[3.73]	[4.86]
1,101	1,171	1,372	1,611	1,961	2,722	4,102	5,352

10年度	11年度	12年度	13年度	14年度	15年度	16年度
[6.3]	[10.56]	[16.1]	[21.13]	[21.56]	[24.13]	[30.34]
6,932	11,631	17,725	23,274	23,738	26,569	33,408

(注)上段 [ ] 内は,平成2年度を1とした指数(伸び率)である。(年度は平成)

● 表2-2 主たる虐待者

	総数	父		母		その他
		実父	実父以外	実母	実母以外	
平成14年度	(100%) 23,738	(22.4%) 5,329	(6.7%) 1,597	(63.2%) 15,014	(1.6%) 369	(6.0%) 1,429
平成15年度	(100%) 26,569	(20.8%) 5,527	(6.2%) 1,645	(62.9%) 16,702	(1.8%) 471	(8.4%) 2,224
平成16年度	(100%) 33,408	(20.9%) 6,969	(6.4%) 2,130	(62.4%) 20,864	(1.5%) 499	(8.8%) 2,946

● 表2-3 被虐待児童の年齢構成

	総数	0〜3歳未満	3〜学齢前児童	小学生	中学生	高校生・その他
平成14年度	(100%) 23,738	(20.8%) 4,940	(29.2%) 6,928	(35.3%) 8,380	(10.5%) 2,495	(4.2%) 995
平成15年度	(100%) 26,569	(20.1%) 5,346	(27.2%) 7,238	(36.5%) 9,708	(11.7%) 3,116	(4.4%) 1,161
平成16年度	(100%) 33,408	(19.4%) 6,479	(26.3%) 8,776	(37.4%) 12,483	(12.5%) 4,187	(4.4%) 1,483

摘された。

　そこで2005（平成17）年の児童福祉法の改正では，①乳児院については「保健上，安定した生活環境の確保その他の理由により特に必要のある場合」には幼児（1歳以上小学校就学前の児童）を，②児童養護施設については「安定した生活環境の確保その他の理由により特に必要のある場合」には乳児を，それぞれ入所させることができることとなった。このことは，ケアの連続性に配慮することができるようになったということを意味している。

(5) 虐待事例1──ネグレクト（保護の怠慢・拒否）
①概　要
　母親は水商売をしているようで，夜いないことが多い。そのため，小学4年生の兄と小学1年生の姉が交代で，2歳の妹Ｙ子の世話をしている。Ｙ子にはいまだに流動食を食べさせている。

　母親はＹ子のことを他人の子どもを預かっていると言っていたが，自宅のマンションで生んだという。そのため，出生届けを出していない。

　家庭訪問をしても子どもたちだけで，母親にはめったに会えない。Ｙ子は2歳を過ぎているというのに，体は小さく歩行もおぼつかない。やっと立っているという感じで，抱き上げると（母親がいなければ）母親を求めるように姉を見ながら泣く。言葉はたまに単語を発する程度である。

　姉は，慣れた手つきでＹ子のおむつを換える。話しかけると，ふつうの反応が返ってくる。今の生活や母親に対して，不満めいたことは全く言わない。

　父親は刑務所にいるらしく，離婚はしていないが母子家庭になっている。住民票を移動せずに転居をくり返しているようで，半年後にワンルームマンションへまた転居した。転居の理由は，家賃が払えないという金銭的なものだったが，母親は公的な扶助は受けたくないと言っていた。

　新しい住まいを訪問したとき，母親は父親が詐欺罪で逮捕され刑務所に入っていること，以前からテレクラ関係の仕事をしていて今も続けていることを話した。

　それから約1か月後に，Ｙ子を児童養護施設で預かることになった（CA 2:09）。それは，Ｙ子が一度も健診を受けていないので，健診を受けさせたこ

とがきっかけだった。リンパ腺が腫れていることがわかり，検査入院が必要になった。退院後も体調が心配されたので，児童養護施設で預かることを提案したが，母親は家で面倒をみれるからとすぐには同意しなかった。しかし，説得を続けた結果，なんとか納得したのだった。

約6か月後，兄と姉もY子と同じ児童養護施設へ入所した。それは，母親が失踪し行方不明になったからだった。

②心理検査および心理治療

・新版K式発達検査（3歳時）

全領域　　　DQ 86 DA 3:02 / CA 3:08
認知・適応　DQ 93 DA 3:05
言語・社会　DQ 75 DA 2:09

保育士から離れようとせず，表情はかなり硬く，検査終了まで緊張は緩まない。声かけ，指示にも応じようとしないが，保育士が何度か指示すると遂行する。

日常生活場面での遅れは感じられないとのことで，人見知り，場所見知りが強く，情緒不安定な状態であったことが影響していたと思われる。

検査結果からは，普通知能〜境界線レベルと考えられる。

Y子は母親のかかわりの乏しさという不適切な養育により，他者との信頼関係の形成に課題があったため，施設の心理療法担当職員がプレイセラピーを行なった。

はじめは依存しているのか自分でやりたいことが選べず，愛着関係を結ぶのが難しかったが，しだいにセラピストに甘えてきたり，ごっこ遊びで診察や手当てをしてほしいと言うようになった。

しかし，たまに思っていることと反対のことを言ったり，「あほ」「ブタ」などの悪口も出た。また，何事にも意欲がなかったり，いったんやる気になると時間になっても終わるのを嫌がったりと，気分にムラがみられた。

・新版K式発達検査（小学2年生時）

全領域　　　DQ 87 DA 6:05 / CA 7:05
認知・適応　DQ 83 DA 6:02
言語・社会　DQ 90 DA 6:08

はじめは恥ずかしそうにしているが，すぐに緊張も解け，自分から話しかけ

てくる。しかし，難しい課題になると，もじもじして黙ってしまい依存的になる。対人的には親和的で，1対1のかかわりを求め甘えてくる。

学校ではかなりがんばっているが，言語表現力に比べて言語理解力が不足しているので，今後の学習面に心配がある。

以上のように，4年ほどのプレイセラピーの結果，1対1では相手を信頼し，自分の素直な感情を出せるようになっている。今後も他者との愛着関係を深め，自我を強化し確立させるために，治療的なかかわりが必要である。

(6) 虐待事例2──身体的虐待
①概　要
深夜の公園で子どもの泣き声がするのを近隣住民が聞き，警察へ通報した。警察が駆けつけると母親と子どもがいて，子ども（T男，4歳）の顔にあざがあったので「どうしたのか」と聞くと，母親は「たたいた」と暴力を認めたので，緊急逮捕されることになった。

T男は保育園に通っていたが，顔にけがをしたり鼻血を出して登園したことがあったので，保育園側は母親の虐待を疑っていた。母親は，しつけだと思っていたようで，かなり以前から続いていたと思われる。それは明らかに虐待と判断できるものだった。

夫婦仲が悪く，別居に近い状態で，母親はT男を連れ出して，家にいることが少なかった。母親にはそのストレスがあったのかもしれなかった。

T男は，母親が逮捕された日から児童相談所に一時保護され，約1か月後に父親の同意をもって児童養護施設に入所した。

②一時保護時の様子
最初は，母親と離れた寂しさから，「帰りたい」「ママに電話して」と泣き，食事をしなかった。そして，職員に対して「ママが迎えに来るまで抱っこして」と言いながら泣きじゃくっていた。

慣れてくると笑顔も多くなったが，徐々に口が悪くなり，「殺すぞ」「殺せるもんなら殺してみろ」と言ったりした。その反面，「先生，抱っこして」「お願い，ちょっとだけ」と急に甘えてくる様子がみられた。

悪いことをしたとき，注意されてもニヤニヤとふざけた感じだったので，き

つめに言うと、「ごめんなさい、ごめんなさい」と必要以上に謝った。しかし、注意されると余計にふざけたり、より反抗的になっていった。

はじめての人に対しては警戒心が強く、避けるような言動が目立った。そういう人が横にいると、とても気になるらしく、睨みつけるような目で見た。

以上のように、T男は甘えや注意獲得、拒否や反抗という両極端な行動特徴を示した。

③心理学的所見

知的能力や社会生活能力は年齢相応の発達が認められる。しかしその一方、対人関係のとり方や情緒表現のしかたに不安定さが認められ、虐待の影響と思われる。

具体的には以下のことがあげられる。

- 初対面の人や初めての場面への抵抗が強く、硬く体をこわばらせ、相手の表情や行動、場面の様子を不安そうな目つきでうかがう。
- 楽しく遊び親密であった人に対しても、場面が変わると警戒する様子がみられる。このことから、人への安心感、安全感が希薄で、いつ自分に攻撃や無視をしてくるかわからないという対人面での不安や怯えが強いことがうかがえる。
- 情緒面では親和的であるものの攻撃的な表出が多い。たとえば、プレイセラピーの中では、自分の力を誇示するかのように鉄砲や剣で強い敵を打ち負かしていくごっこ遊びを好み、セラピストに直接物を投げたりたたいたりすることがある。生活場面では、暴言を吐いたり舌を巻いて威嚇するようなしゃべり方をよくする。その反面、きつく注意すると、突然気弱になり小声で「ごめんなさい」と萎縮して顔色をうかがう。

以上のことは、こころの中の不満や不安の表われであるとともに、攻撃的な言動をすることで人の注意をひこうとしていると思われる。この原因として自分を攻撃した人（母親）の言動を取り入れている印象が強い。母親からは押さえつけられてもいて、安定した愛着形成を阻害されていたことが考えられる。

④施設入所後の様子

児童養護施設へ入所してから1か月後の様子を聞くと、T男は順調に施設へ適応しているという。一時保護所でみられた行動以上のことはしていないよう

である。

　大人の様子をうかがいながら行動することが多く独占欲が強いが，最近は他児と一緒に遊ぶことができるようになっている。言葉遣いは相変わらず悪い。

　当初は入浴（風呂の湯船）を過度にこわがっていたが，徐々に入浴への抵抗は少なくなっている。

　頭が大きく，バランスの悪さと注意散漫によってよく転び，頭の同じ場所をぶつけている。

　母親のことは気にしているようであるが，会いたがったり母親のことを自分から話したりすることはほとんどない。

　T男に対してはプレイセラピーを続け，父母の関係が今後どうなるのかをみながら，親子関係の修復を図る必要があるだろう。

第3章 幼児理解の方法

1節　発達診断の方法

正常な発達や生活の適応にとって障害となっている原因を発見し，治療・指導するためには，幼児の発達を理解することが不可欠であり，そのための発達診断が必要である。

発達診断の方法として，以下のものがあげられる。

1 ── 生育歴調査・環境調査

生育歴は，子どもの胎児期から現在までの発達に関連する環境・育児・養育方法などに関係する項目について，親から話を聞くなどして子どもの生育の歴史について情報を得るものである。

(1) 生育歴
①胎生期：妊娠中の母親の健康状態，妊娠中毒症などの有無。
②出生時：早産・難産・分娩の方法など異常分娩の有無，出生時状態，出生時体重など。
③新生児期：新生児黄疸，けいれん，高熱，保育器使用など。
④乳児期：栄養（母乳・混合・人工），養育者，おもな病気，発育状態（首のすわり，生歯，歩行，発語，離乳などの開始時期）。
⑤生活：食事・衣服の着脱・排泄・睡眠など生活習慣行動の達成状況，くせ（指しゃぶり・つめかみ・性器いじり）などの状態。

⑥既往歴：現在までにかかったおもな病気。
⑦行動傾向：自閉傾向，攻撃傾向など。

(2) 環境調査
①家族：同居家族とその続柄，健康状態，職業・経済状態。
②養育態度：養育方針，親子の接触程度，子どもへの関心度など。
③家族の人間関係：夫婦関係，祖父母との関係など。
④家族の性格，遺伝関係。

以上の項目中，保護者の経済状態や夫婦関係などについては，慎重な配慮のうえで資料を得るようにしなければならない。

2 ── 観察法

日常の生活場面で自然に起こった子どもの行動を観察し記録するもので，乳幼児のように自分の経験やこころの動きをうまく言葉に表わせない場合に研究する方法として，最も基本的なものであり重要である。

(1) 自然観察法
あらゆる機会と場所で，何の操作も加えないで，ありのままを観察し，記録していくやり方である。

(2) 組織的観察法
あらかじめ観察しようとする行動の種類や記録の方法・手順を決めて観察し，資料を集めるもので，系統的観察法ともよばれる。
①時間標本抽出法：5分間とか10分間といった短時間の観察を何度も行なうことによって，行動の偏りを防ぎ，しかも観察の対象を多くすることができ，能率的である。
②行動標本抽出法：ある特定の行動が起こるかどうか，起こればその度数やそのときの状況を記録する方法で，行動見本法ともいう。

また，記録のしかたによって，次のように分けられる。
①行動記録法：子どもの行動をできるだけ忠実に記録する方法。

②逸話記録法：その子どもを理解するのに有意義だと思われる行動に出会ったとき，その事実を正確に記録する方法。
③チェックリスト法：あらかじめ起こると予想される行動項目を表にしておき，その行動が起きたらチェックする方法。
④図示法：場所の移動などは，文章よりも図で表わしたほうが記録が容易で正確である。
⑤評定尺度法：子どもの行動や性格特性などについて一定の基準に従って段階づけておき，一人ひとりの子どもの行動や性格を観察者の判断で評定する方法。

3 ── 実験法

研究の目的にあわせて特定の条件（場面）を設定し，何度も同一の行動をくり返させて，ある条件下での子どもの行動を観察することを，実験法または実験的観察法という。

よく用いられるのが統制群法である。これは，できるだけ等質な集団を2組以上つくり，1組に特定の条件を加える（実験群）。その間，もう1組には何の操作もしないでおいて（統制群），一定期間後に両方を比較して，その条件の影響のしかたを調べるものである。

4 ── 調査法：面接法・質問紙法

子どもの行動の原因や意味を，子どもを直接観察するだけではつかめない場合は，子どもとの面接や，親に質問紙を配って回答を求めることを行なう。

(1) 面接法

子どもと1対1の個人調査である。子どもの回答にあわせて，さらに深く問題を掘り下げることができるという長所がある。

(2) 質問紙法

質問事項を印刷して回答を記入してもらう方法である。一度に多くの資料が得られるので，集団の調査に適している。乳幼児に直接行なうわけにはいかな

いので，親に質問する形式をとる。

5 ── 社会的測定法（ソシオメトリー）

モレノ（Moreno, J. L.）によって考案されたもので，集団の成員間の選択（好意）・排斥（非好意）・無関心の関係を調べ，それを手がかりにして集団の構造や性格，集団内の個人の地位などを明らかにしようとする方法である。この結果を表にまとめたのがソシオマトリックス，図に表わしたものがソシオグラムである。

ソシオグラムによって，スター，孤立児，相互選択，下位集団（仲良しグループ）などが明らかになる。

6 ── 発達研究法

発達の一般的平均的な姿を研究するために，同一の子ども（個人または集団）を比較的長い年月にわたって追跡研究する縦断的方法（longitudinal method）と，各年齢ごとに別の子どもを調べる横断的方法（cross-sectional method）とがある。

他に，ある特定の子どもの事例について，環境や生活史などを細かく調べ，問題の所在や原因対策などを明らかにしようとする事例研究法（case study）がある。

2節　幼児理解のための心理検査

標準化された検査を行なう検査法も発達診断の方法の1つである。知能検査，発達検査，性格検査，社会性・適応性診断検査，親子関係診断検査などがあるが，乳幼児によく使われるものとして以下のものがあげられる。

1 ── 知能検査

(1) 田中ビネー知能検査

フランスのビネー（Binet, A.）は，シモン（Simon, T.）の協力を得て，1905

年に最初の知能テストを開発した。これは全30問からなり，種々の内容の問題を混ぜて，やさしいものから難しいものへと配列し，どの難しさの問題まで解けるかを調べることによって，全体的な知能水準を測定しようとした。

その後，1908年に最初の改訂が行なわれ，年齢と対応させて問題の難易の基準をつくり，何歳級の問題まで解けたかという形で知能水準を表示するようになり，1911年には3～10，12，15歳，成人用に各5問ずつを配列した計55問からなるテストを完成させている。

ビネー式知能検査は各国に紹介され，アメリカではターマン（Terman, L. M.）によって1916年にスタンフォードビネー知能検査が作成された。この特徴は，結果の表示法として知能指数を採用したことにあり，その後の知能検査のモデルとなった。

日本では，このスタンフォードビネー知能検査を日本人向けに標準化したも

年齢	番号	問題	合検基準	正答数	内容および記録
3歳	25	語い（A） ★6,12,19,37	13／15		①飛行機　②手　③家　④かさ ⑤靴　⑥ボール　⑦いす　⑧はさみ ⑨時計　⑩葉　⑪馬　⑫めがね ⑬テーブル　⑭ピストル　⑮木
	26	小鳥の絵の完成	基準		検査用紙P.17 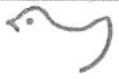
	27	理解（A）	1／2		①ねむくなったら、あなたはどうしますか。 ②おしっこがしたくなったら、あなたはどうしますか。
	28	犬と自動車の配置	完全		提示5秒　（被検査者） 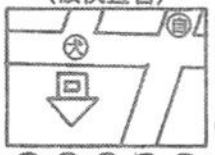 （　秒）
	32	物の選択	5／6		①鳥　②魚　③りんご　④本　⑤時計　⑥卵
	33	物の定義	2／3		①帽子 ②茶わん ③本
	34	絵の異同弁別	9／9		(例)木、図形 ①鳥　②魚　③ヘリコプター　④人間　⑤星 ⑥動物　⑦自動車　⑧かえる　⑨花
	35	3数詞の復唱	1／2		(例)3－2－7 ①7－5－9 ②2－8－3
	36	数概念（B）	2／2		①積木3個 ②積木1個に2個加える。

● 図3-1　田中ビネー知能検査

のに鈴木ビネー式知能検査，田中ビネー知能検査（図3-1，1987年全訂版）などがある。

(2) グッドイナフ人物画知能検査

人物画を知能検査として利用したものでは，1926年にグッドイナフ（Goodenough, F. L.）が開発したものが最も有名である。これは世界各地で用いられてきたが，1963年に大規模な修正がハリス（Harris, D. B.）によって行なわれた。

日本では，1944年に桐原がグッドイナフの方法をそのまま適用し標準化を行なった。その後，1965年に小林・小野 他は，桐原の基準をそのままで使用が適当であるかを検討し，改訂の必要性を認めて新しい基準を提案した。図3-2は，その一例である。

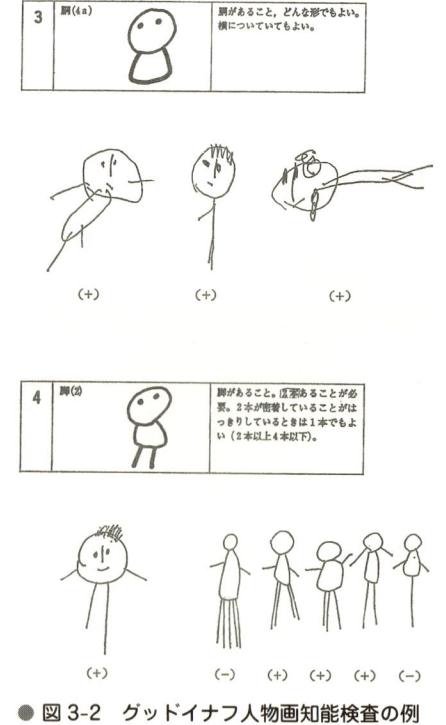

● 図3-2　グッドイナフ人物画知能検査の例

人物画を発達過程の尺度として利用できるのは，人物像として形ができあがってくる3歳ごろからであり，9歳を越えると表現のしかたが複雑化したり簡略化したりすることから，発達尺度としての利用は疑問となる，としている。

2 ── 発達検査

(1) 新版K式発達検査

新生児から14歳すぎまで適用され，姿勢・運動，認知・適応，言語・社会の3領域にわたり324項目から構成されている個別式の発達検査である（図3-3）。

検査結果から，子どもの行動がどれくらいの発達年齢段階の特徴に該当するかや，各領域の相対的な遅れや歪みなどの個別的なプロフィールが得られる。

(2) 遠城寺式・乳幼児分析的発達検査

子どもの年齢が低く知能検査が不可能である場合，あるいはたとえ可能でもそれだけでは精神発達の一面だけしかわからない場合などに，本検査は有効である。

図3-4の発達検査表からわかるように，ほとんど特別な器具を使わず，子どもにさせることも少ないので，親からの聞き取りで子どものできる項目をチェックすることが中心になる。

3 ── 性格検査

(1) 幼児・児童性格診断検査

幼稚園や保育所に通う幼児に適用できる性格検査は非常に少ないが，その大きな理由として，幼児にいろいろな質問をしても，内省的報告が期待できないことがあげられる。

そこで，子どもの行動観察から問題発見の手がかりを得るという意図で作成されたのが，本検査である。

図3-5に示されたように，10の特性と体質的安定度，個人的安定度，社会的安定度によって診断プロフィールを描き，それに基づいて考察を進めることができる。

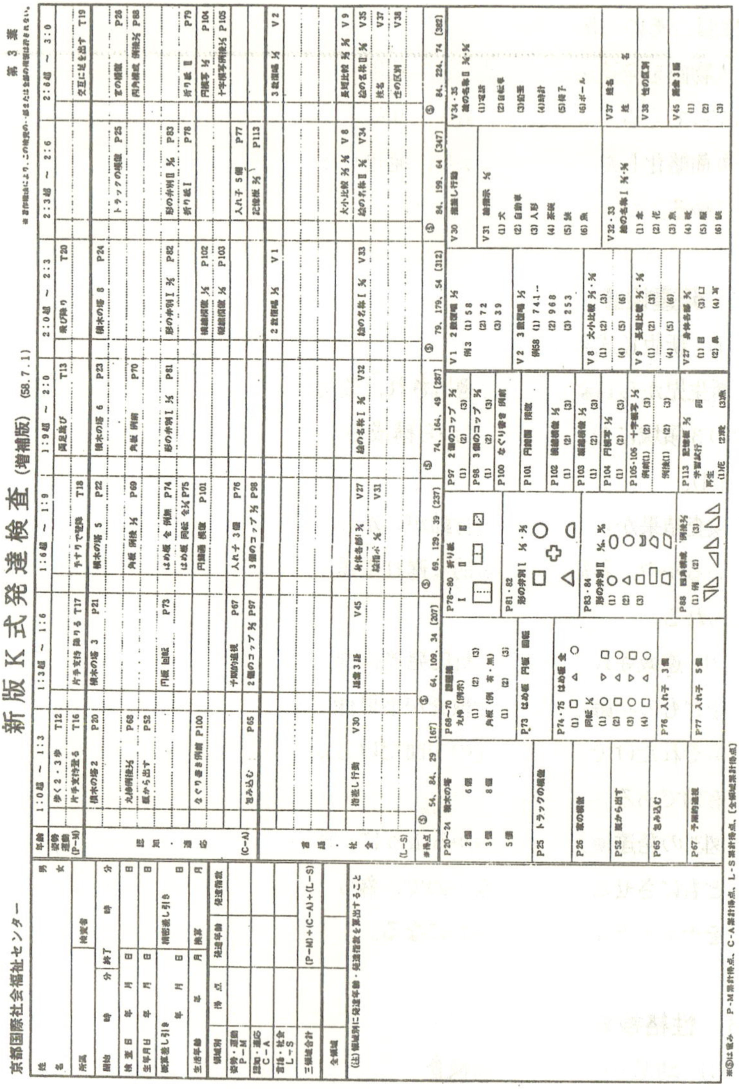

第3章 幼児理解の方法

● 図3-3 新版K式発達検査用紙

2節　幼児理解のための心理検査

氏名			男女	外来番号		検査年月日	1. 年 月 日　3. 年 月 日
				外来番号			2. 年 月 日　4. 年 月 日

(年:月)	生年月日	年 月 日生	診 断	移動運動	手の運動	基本的習慣	対人関係	発語	言語理解
4:8				スキップができる	紙飛行機を自分で折る	ひとりで寝衣ができる	砂場で二人以上で協力して一つの山を作る	文章の復唱（2/3）「子供が二人ブランコに乗っています。他の三人はおさきにと言ってあそんで行きました。」	左右がわかる
4:4				ブランコに立ちのりしてこぐ	はずむボールをつかむ	信号を見て正しく道路をわたる	ジャンケンで勝負をきめる	四数詞の復唱（2/3）6-4-5-9　7-3-2-8	数の概念がわかる（5まで）
4:0				片足で跳歩ぶ	紙を直線にそって切る	入浴時、ある程度自分で体を洗う	母親にことわって友達の家に遊びに行く	両親の姓名、住所を言う	用途による物の指示(5/5)（本、鉛筆、時計、いす、電車）
3:8				幅とび（両足をそろえて前にとぶ）	十字をかく	鼻をかむ	友達と順番にものを使う（ブランコなど）	文章の復唱（2/3）「大きい花がお母さんいます。飛行機は空を飛びます。コウメは木に登ります。」	数の概念がわかる（3まで）
3:4				でんぐりがえしをする	ボタンをはめる	顔をひとりで洗う	「こうしていい?」と許可を求める	同年齢の子供と会話ができる	高い、低いがわかる
3:0				片足で2～3秒立つ	はさみを使って紙を切る	上着を自分で脱ぐ	ままごとで役を演じることができる	二語文の復唱（2/3）（小さな人形、赤いいっせん、おいしいお菓子）	赤、青、黄、緑がわかる（4/4）
2:9				立ったままでくるっとまわる	まねて○をかく	靴をひとりではく	年下の子供の世話をやきたがる	二数詞の復唱（2/3）5-8　6-2　3-9	長い、短いがわかる
2:6				足を交互に出して階段をあがる	まねて直線を引く	こぼさないでひとりで食べる	友達とけんかをすると言いつけにくる	自分の姓名を言う	大きい、小さいがわかる
2:3				両足でぴょんぴょん跳ぶ	鉄棒などに両手でぶらさがる	ひとりでパンツを脱ぐ	電話ごっこをする	「きれいね」「おいしいね」などの表現ができる	鼻、髪、歯、舌、へそ、爪を指示する(4/6)
2:0				ボールを前にける	積木を縦に二つ以上ならべる	排尿を予告する	親から離れて遊ぶ	二語文を話す（わんわんきた、など）	「もうひとつ」「もうすこし」がわかる
1:9				ひとり一段ごとに足をそろえながら階段をあがる	鉛筆でぐるぐるまるをかく	ストローで飲む	友達と手をつなぐ	絵本を見て三つのものの名前を指示する	目、口、耳、手、足、腹を指示する(4/6)
1:6				走る	コップからコップへうつす	パンツをはかせるとき両足をひろげる	困難なことに出合うと助けを求める	絵本を見て一つのものの名前を言う	絵本を読んでもらいたがる
1:4				靴をはいて歩く	積木を二つ重ねる	自分の口もとをひとりでふこうとする	簡単な手伝いをする	3語言える	簡単な命令を実行する「新聞を持っていらっしゃい」など
1:2				2～3歩あるく	コップの中の小粒をとり出そうとする	お菓子のつつみ紙をとって食べる	ほめられると同じ動作をくり返す	2語言える	要求を理解する（3/3）「おいで、ちょうだい、わんね」
1:0				座った位置から立ちあがる	なぐり書きをする	さじで食べようとする	父や母の後追いをする	ことばを1～2語、正しくまねる	要求を理解する（1/3）「おいで、ちょうだい、わんね」
0:11				つたい歩きをする	おもちゃの車を手で走らせる	コップを自分で持って飲む	人見知りをする	音声をまねようとする	「バイバイ」や「さようなら」のことばに反応する
0:10				つかまって立ちあがる	びんのふたを、あけたりしめたりする	拒否または欲求を示す	身ぶりをまねする（オツムテンテンなど）	さかんにおしゃべりする（喃語）	「いけません」と言うと、ちょっと手をひっこめる
0:9				ものにつかまって立っている	おもちゃのたいこをたたく	コップなどを両手に持っていく	おもちゃをとられると不快を示す	タ、ダ、チャなどの音声が出る	
0:8				ひとりで座って遊ぶ	親指と人さし指でつかもうとする	顔をふこうとするといやがる	鏡を見て笑いかけたり話しかけたりする	マ、バ、パなどの音声が出る	
0:7				腹ばいで体をまわす	おもちゃを一方の手から他方に持ちかえる	コップから飲む	親しみと怒った顔がわかる	おもちゃに向かって声を出す	親の話し方で感情をききわける（禁止など）
0:6				寝がえりをする	手を出してものをつかむ	ビスケットなどを自分で食べる	鏡に映った自分の顔に反応する	人に向って声を出す	
0:5				横向きに寝かせると寝がえりをする	ガラガラを振る	おもちゃを見ると動きが活発になる	人を見ると笑いかける	キャーキャーいう	母の声と他の人の声をききわける
0:4				首がすわる	おもちゃをつかんでいる	さじから飲むことができる	あやされると声を出して笑う	声を出して笑う	
0:3				あおむけにして体をおこしたとき頭を保つ	顔にふれたものを取ろうとして手を動かす	顔に布をかけられて不快を示す	人の声のする方に向く（アー、ウァ、など）	泣かずに声を出す	人の声でしずまる
0:2				腹ばいで頭をちょっとあげる	手を口に持っていってしゃぶる	満腹になると乳首を舌で出したり顔をそむけたりする	人の顔をじいっと見つめる	いろいろな泣き声を出す	
0:1				あおむけでときどき左右に首の向きをかえる	手にふれたものをつかむ	空腹時に抱く人の方に向けてほしがる	泣いていると抱きあげるとしずまる	元気な声で泣く	大きな音に反応する
(年:月)	暦年齢	移動運動	手の運動	基本的習慣	対人関係	発語	言語理解		
		運　　　　動		社　会　性		言　　　　語			

© 遠城寺 宗徳　　発行元 〒108-8346 東京都港区三田2-丁目19-30 慶應義塾大学出版会

● 図3-4　遠城寺式・乳幼児分析的発達検査用紙（九大小児科改訂版）

第3章 幼児理解の方法

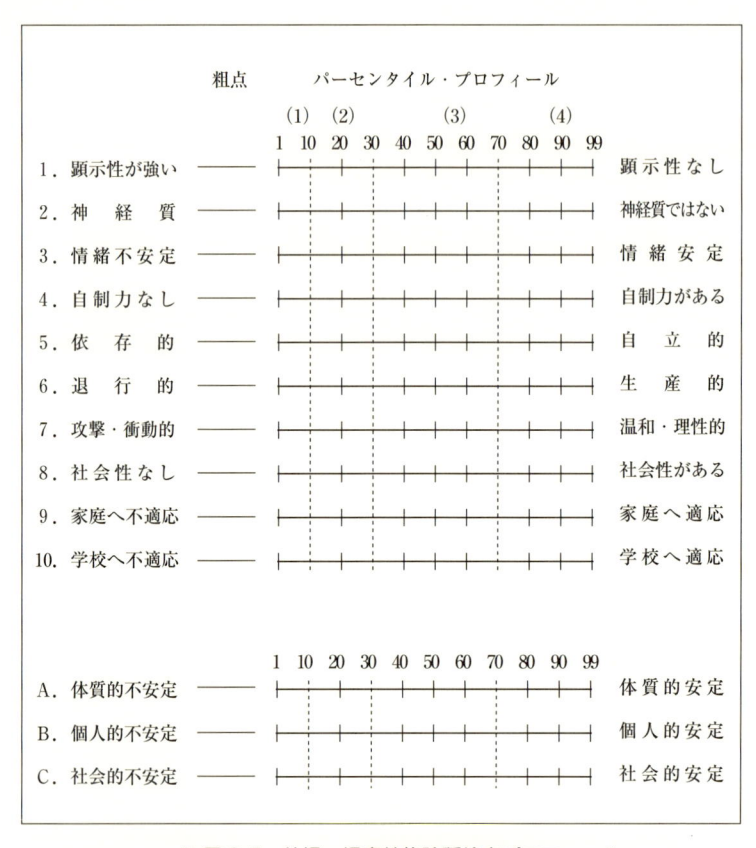

	粗点	パーセンタイル・プロフィール	
		(1)　(2)　　　(3)　　　(4)	
		1 10 20 30 40 50 60 70 80 90 99	
1. 顕示性が強い	———	├─┼─┼─┼─┼─┼─┼─┼─┼─┤	顕示性なし
2. 神　経　質	———	├─┼─┼─┼─┼─┼─┼─┼─┼─┤	神経質ではない
3. 情緒不安定	———	├─┼─┼─┼─┼─┼─┼─┼─┼─┤	情緒安定
4. 自制力なし	———	├─┼─┼─┼─┼─┼─┼─┼─┼─┤	自制力がある
5. 依　存　的	———	├─┼─┼─┼─┼─┼─┼─┼─┼─┤	自　立　的
6. 退　行　的	———	├─┼─┼─┼─┼─┼─┼─┼─┼─┤	生　産　的
7. 攻撃・衝動的	———	├─┼─┼─┼─┼─┼─┼─┼─┼─┤	温和・理性的
8. 社会性なし	———	├─┼─┼─┼─┼─┼─┼─┼─┼─┤	社会性がある
9. 家庭へ不適応	———	├─┼─┼─┼─┼─┼─┼─┼─┼─┤	家庭へ適応
10. 学校へ不適応	———	├─┼─┼─┼─┼─┼─┼─┼─┼─┤	学校へ適応
		1 10 20 30 40 50 60 70 80 90 99	
A. 体質的不安定	———	├─┼─┼─┼─┼─┼─┼─┼─┼─┤	体質的安定
B. 個人的不安定	———	├─┼─┼─┼─┼─┼─┼─┼─┼─┤	個人的安定
C. 社会的不安定	———	├─┼─┼─┼─┼─┼─┼─┼─┼─┤	社会的安定

● 図3-5　幼児・児童性格診断検査プロフィール

(2) P-Fスタデイ

　これは，ローゼンツヴァイク（Rosenzweig, S.）によって考案されたもので，投影法の一種であり，絵画欲求不満テストという。

　図3-6のような日常的な欲求不満場面で，登場人物の応答はどうであるかを推測して記入する形式をとる。幼児の場合は各場面を見せ，文章を読んであげて，「この子はどう答えるでしょうか？」と聞き，その答えを記録する。

　障害により直接に自我が阻害されて欲求不満を起こしている16場面と，他者から非難，詰問されて超自我（良心）の発現が阻害されて欲求不満を招いて

● 図 3-6　P-F スタディの図版

いる 8 場面，計 24 場面からなる。
　欲求不満に対する攻撃の方向（他責，自責，無責）と反応の型（障害優位，自我防衛，要求固執）によって反応を分類していき，防衛機制や自我構造，社会的態度などについて把握するものである。

第4章

小・中学生の発達心理

1節 小学生の発達心理

1 ── 身体運動発達

(1) 身体面の発達的特徴

　小学校入学時から，12歳ごろの第二次性徴が出現し始めるまでの期間を児童期という。したがって，小学校の在学期間とほぼ一致するので，児童期は学童期とも言われる。

　児童期，すなわち小学生の時期は，急速な発達を示す乳幼児期と青年期の間にあって，比較的落ち着いたバランスのとれた発達がみられる安定期である。

　身体発達においては，身長，体重などは着実な発達曲線を示し，図4-1 にみ

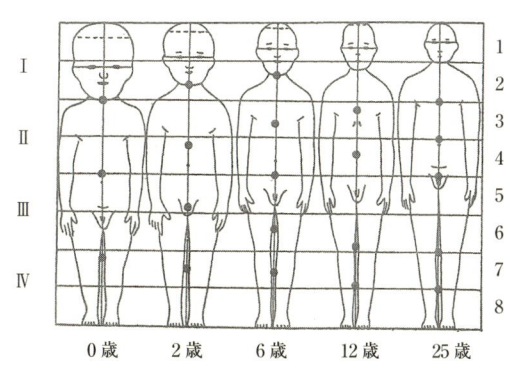

● 図4-1　身体各部の比率の発達 (Stratz, 1922)

第4章 小・中学生の発達心理

られるように，頭部の割合が大きくお腹の出た幼児体型から，身体つきが細くなり比較的バランスのよい学童体型へと変化していく。

また，この時期の不慮の事故などによる死亡率は，乳幼児期や青年期に比べてかなり低く，人生における最も健康な時期，幸福な時期である。

(2) 運動面の発達的特徴

身体発達とともに運動能力が向上し，この時期は運動能力の黄金時代と言われている。たとえば，表4-1に示されているように，50m走では年々より速く走れるようになり，ソフトボール投げでは年々より遠くに投げられるようになっている。しかし，11歳について親の世代（1973（昭和48）年度調査）と比較すると，図4-2でわかるように両項目とも親の世代を下回っている。

各学年でみると，1，2年生の運動は，大筋運動が支配的で，走る，跳ぶ，

● 表4-1 年齢別テストの結果（平均値）の年次推移（文部科学省）

区分		握力（kg）				50m走（秒）				持久走（秒）				ボール投げ（m）			
年齢	性別	S48	S58	H5	H15	S48	S58	H5	H15	S48	S58	H5	H15	S48	S58	H5	H15
7歳	男子	…	…	…	11.24	…	10.25	10.52	10.83	…	…	…	…	…	15.58	13.96	12.37
	女子	…	…	…	10.62	…	10.59	10.72	11.01	…	…	…	…	…	9.00	8.27	7.61
9歳	男子	…	…	…	15.22	…	9.36	9.48	9.75	…	…	…	…	…	25.60	22.52	21.42
	女子	…	…	…	14.28	…	9.60	9.74	9.99	…	…	…	…	…	14.69	12.77	12.31
11歳	男子	21.50	21.60	21.88	20.51	8.80	8.70	8.76	8.91	…	…	…	…	34.00	34.47	31.73	30.42
	女子	20.30	19.81	20.21	19.36	9.10	8.98	9.08	9.25	…	…	…	…	19.60	20.47	17.55	17.19
13歳	男子	32.40	31.55	31.30	31.92	8.10	8.02	8.01	7.97	378.60	369.76	382.03	388.07	22.40	22.30	22.12	22.06
	女子	25.80	24.89	24.83	24.75	8.80	8.67	8.72	8.80	281.10	276.60	281.67	287.34	15.30	15.33	14.41	13.92
16歳	男子	44.50	44.27	43.49	42.16	7.40	7.32	7.34	7.40	358.50	359.79	373.62	375.94	27.50	28.26	27.61	26.40
	女子	29.40	28.99	27.41	26.85	8.80	8.78	8.90	9.07	286.30	288.67	301.08	311.61	16.80	16.63	15.73	14.52
19歳	男子	45.90	47.97	46.08	43.89	7.30	7.26	7.29	7.44	368.70	366.85	378.10	393.54	28.90	29.20	28.61	26.85
	女子	29.70	30.31	28.24	27.45	8.90	8.79	8.90	9.15	295.60	294.97	308.27	309.82	16.40	16.86	16.63	14.60

(注) 1　7歳および9歳は，昭和58年度から調査を開始。
　　 2　ボール投げは，7・9・11歳はソフトボール投げ，13・16・19歳はハンドボール投げ。
　　 3　持久走は，男子1,500m，女子1,000m。

1節　小学生の発達心理

50m走		ソフトボール投げ	

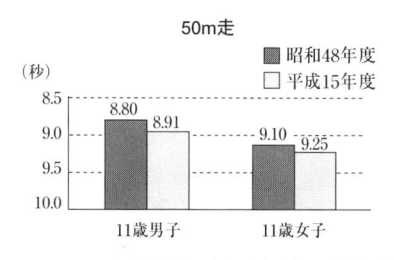

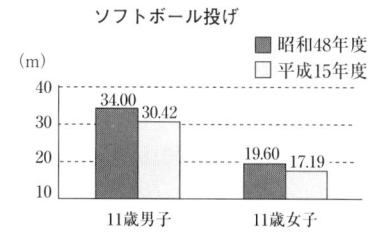

（秒）　■ 昭和48年度　□ 平成15年度
11歳男子　8.80　8.91
11歳女子　9.10　9.25

（m）　■ 昭和48年度　□ 平成15年度
11歳男子　34.00　30.42
11歳女子　19.60　17.19

● 図4-2　親の世代との基礎的運動能力の比較（文部科学省）

投げるといった運動遊びが中心になる。3, 4年生になると，集団ゲームが活発化してきて，野球，サッカー，ドッチボールなどを好むようになる。5, 6年生になると，筋力，正確度，速度などが増し，精巧な運動ができるようになる。特に女子の進歩は顕著で，体操競技，競泳などに示されている。

全体運動に対して手腕運動に代表される部分運動も，児童期に入ってから著しい発達を示す。すなわち，手先の動作の発達が本格化する時期である。たとえば，鉛筆の持ち方や書字活動を見ればよくわかる。

小学校入学当初は，鉛筆の持ち方も固く運筆もぎこちないが，しだいにぎこちなさが取れ，10歳を過ぎれば細かい字でもスムーズに書けるようになる。したがって，10歳ごろまでに手先の運動の巧みさは，一定の水準に達すると言える。

2 ── 知的発達

(1) 知的発達の特徴

児童期はあらゆることに興味を示し，多くの知識を獲得する時期なので，知識生活時代とよばれる。

また，知的発達も著しく，7, 8歳ごろに直観的思考の段階から具体的操作段階に入る。この時期の特徴を次にあげる。

・見かけにとらわれず，数の保存や量の保存ができるようになる。
・可逆的な思考ができるようになる。ただし，この段階では実物，またはその変形である具体的内容がないと困難である（「可逆性」とは，思考の操

作を逆にして、その出発点にさかのぼったり、他の立場に立って考えてみることである）。

(2) 概念と推理の発達

具体的な対象から特定の要素を取り出す抽象のはたらきにより形成された共通の表象が概念であるが、この抽象能力の発達を調べることで以下のようなことがわかる。

2つの事物の共通点の抽象は、10歳で70～80％が可能であるが、3つの事物間での抽象は、12歳で50％が可能とかなり難しい。

このように抽象能力の発達に伴い概念形成も進むが、真の概念形成が行なわれるのは児童期の終わりごろである。ただし、概念を水平型（猫、犬、豚などのように同じ幅を持つもの）と垂直型（ポチ、犬、動物のように幅が広くなるもの）に分けると、はじめは水平型の概念が多い。概念間の共通点を抽出して形成される垂直型に属する上位概念は、児童期の半ばごろからみられる。

次に、推理はものごとの関係をとらえ、一定の結論を導き出す過程であるが、その発達が本格化するのは児童期である。きわめて個人的、自己中心的に特殊から特殊へと判断する転導推理に代わり、必然的な関係を論理的にとらえた推理が行なわれるようになる。

たとえば、「A君はB君より背が高い。C君はA君より背が高い。3人で誰が一番背が高いか」というような三段論法も推理の一型式であるが、11歳ごろまでの推理は具体的な色彩がぬぐいきれず、純粋な形式的推理の発達は12歳ごろになってからである。

このような推理の発達的な変化の様子は因果関係の理解の発達にも反映し、6～8歳ごろにみられる因果関係の主観的な理解は、10～11歳ごろになると客観的・論理的なものへと成長していく。

(3) 読書能力と作文能力の発達
　①読みと書きの能力

書き言葉の発達は児童期に入ってから本格化するが、書き言葉の能力は読みと書きに分けられ、前者が後者に先行して発達する。

5歳ごろから文字の読みの学習開始が可能であるが，かな文字の読み書きは小学1年生で完了する。また，漢字の読みは小学5年生ごろから急速に伸びるが，書きはそれと並行した発達を示さない。

②読書能力の発達
読書能力には，次のような発達段階が認められる。
①読書入門期（5歳半〜1年1学期末）：拾い読みで音読し読書を始める。
②初歩読書期（1年2学期〜3年末）：読書の基礎的技術が一応成熟し，黙読ができる。
③展開読書期（4年から中学1年末）：多読傾向が増え，目的的に多様な読み方を使い分ける。

その後，成熟読書期（中学2年〜）と続くが，読書能力の発達は，書き言葉の習得にとって大切な経験となる。

③作文能力の発達
作文能力には，次のような発達段階が認められる。
①作文レディネス期（6歳〜6歳半）：作文学習のレディネスが成熟する。
②入門期（1年2学期ごろ）：思ったことの文字化を始め，1〜2の単文で完結する。
③初等作文期（2〜3年ごろまで）：作文の基礎能力が発達し，短文の羅列でかなり長い文が書けるが，全体としてのまとめはできない。
④過渡期（3〜4年ごろ）：構想を考え作文をするが，同時に書くことの困難さがわかるようになり，作文の興味を失うこともある。
⑤中等作文期（5〜6年ごろ）：表現力もつき，書く領域が拡大する。

その後，成熟期（中学校〜高校）に発展するが，児童期には文章表現能力の基礎が形成されると言える。

3 ── 社会的発達

(1) 社会的発達の特徴

小学校入学とともに，これまでの親子・きょうだい関係を中心とする縦の関係から，同年齢の仲間，友人という横の人間関係を体験するようになる。

遠藤（1990）は，児童期における仲間関係の特徴を次のようにまとめている。

①一時的でこわれやすい関係から持続的関係への変化。
②自分の要求満足のために友人が必要だとする功利的・自己中心的な関係から，相互の要求を満足させる互恵的な関係への変化。
③一緒に遊ぶ，何かをするという行動的表面的関係から，互いの考えや感情を共有する，支え助け合う，相互尊敬といった共感的・人格的・内面的関係への変化。

具体的には，友人の選択理由の研究があり，田中（1964）はソシオメトリック・テストを実施して次のような結果を得ている。
①住所が近いなどの相互的接近要因は，主として幼児期〜学童期の子どもにみられ，その後下降する。
②何となく好きといった同情愛着は，小学2〜3年生ごろにピークとなり，その後下降する。
③友人を尊敬・考えの共鳴などの尊敬共鳴は，幼児・学童前期は低いが，長ずるにしたがって増加する。
④互いに助け合い協同するという集団的協同は，学童後期ぐらいから始まり，青年期以降上昇する。

(2) ギャング・エイジ（徒党時代）

乳幼児期の生活は，親子関係を主軸として全面的に大人に依存しているが，児童期になると子どもは大人から自立した自分の世界を持とうとし始める。しかし，個人として独立できる力はまだ持っていない。そこで子どもは，個人としてよりもまず集団として独立を試み始める。

このことは，親子関係が基本的には権威－服従であるのに対して，子どもが仲間集団に参加して地位・役割を経験することによって，それを相対的なものとしてみることを学ぶことで強固なものとなる。したがって，仲間集団を拠り所として，家族に反抗を試みることも少なくない。

ギャング・エイジは，児童期の中期〜後期にみられるが，次のような特徴を持つ。
①数人から十数人の集団で，年齢差が少なく多くは同性から成る。
②強力なリーダーを持ち，成員の中に役割分担がある。

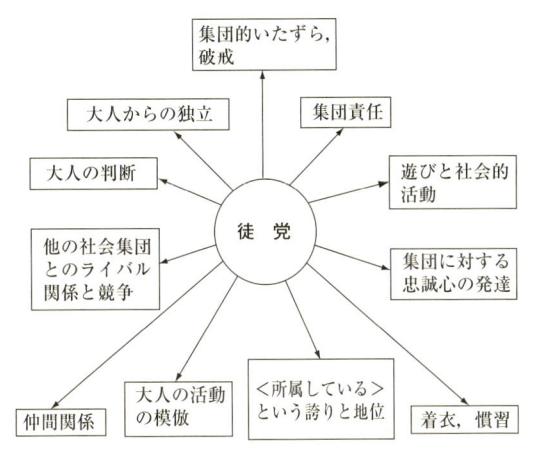

● 図4-3　徒党の影響のいくつか（Hurlock, 1964）

③集団所属感情を促進するために，集団の名称・歌・旗・仲間の印・誓いと掟・入団式などを持つことがある。

④合言葉・暗号・合図などのその集団特有のコミュニケーションのしかたがある。

⑤活動の内容は，秘密の遊び・禁じられた遊び・冒険遊び・非行がかった遊びが多い。

⑥精神面の交流は親友に比べると薄い。

徒党は子どもの社会性の発達のみならず，いろいろな側面に影響するが，それを示したのが図4-3である。

以上のように，児童期の子どもは大人から仲間へとその比重を移し変えていくのであり，困ったときに，高学年になると親に相談する比率が減少し，逆に友だちに相談する割合が増加する。

(3) 道徳性の発達

ピアジェは，道徳性の発達を他律的な大人からの拘束による道徳観から，自律的で仲間との協同による道徳観への変化，一方的尊敬から相互的尊敬への変化としてとらえた。

コールバーグ（Kohlberg, 1971）は，ピアジェの道徳的判断に関する研究に基づきながら，さらに児童後期から成人までの道徳性に関する認知的発達理論を提唱した。

コールバーグによれば，道徳性は以下の順序に従って発達し，その速度は個人の認知能力や社会文化的要因によって異なるが，これらの段階を通過する順序は，いかなる文化においても同一であるとした。

＜水準Ⅰ：前慣習的＞
　段階1： 服従と罰への志向
　　　　　苦痛と罰を避けるために，大人の力に譲歩し規則に従う。
　段階2： 素朴な利己主義的傾向
　　　　　報酬を手に入れ，愛情の返報を受けるしかたで行動することによって，自己の欲求の満足を求める。

＜水準Ⅱ：慣習的＞
　段階3：「良い子」への志向
　　　　　他者を喜ばせ，他者を助けるために「良く」ふるまい，それによって承認を受ける。
　段階4： 既成の社会秩序と法維持への志向
　　　　　権威（親，教師，神）を尊重し，社会的秩序をそれ自身のために維持することにより，自己の義務を果たすことを求める。

＜水準Ⅲ：脱慣習的＞
　段階5： 社会的契約と個人の権利への志向
　　　　　他者の権利について考える。共同体の一般的福祉，および法と多数者の意志によりつくられた基準に従う義務を考える。公平な観察者により尊重されるしかたで行為する。
　段階6： 普遍的倫理的原則への志向
　　　　　実際の法や社会の規則を考えるだけでなく，正義について自ら選んだ基準と，人間の尊厳性への尊重を考える。自己の良心から非難を受けないようなしかたで行為する。

道徳性の発達は，一般的には無道徳の段階（誕生～乳児期）から他律的道徳の段階（幼児期～児童初期）を経て，他律的道徳から自律的道徳への移行段階

（児童中期～児童後期），自律的道徳が確立し始める段階（青年期）へと発達していくと考えられる。

2節　中学生の発達心理

1 ── 身体運動面の発達変化

(1) 思春期の性的成熟

　小学校高学年から中学生にかけての 12 ～ 13 歳から始まる思春期は，子どもから大人へ移行する入り口の時期である。この時期は，身体の急激な発達変化と性的成熟を特徴とする。

　思春期の顕著な身体の形態発達として身長と体重の増大がある。身長のスパートの時期は，女子（12 歳ごろ）のほうが男子（14 歳ごろ）よりも 2 年早く，したがって発達の終了も 2 年早い。また，女子は骨盤が発達し臀部が大きくなるという女性的体型が形成され，男子は肩幅が広くなり筋肉が発達し，男性的体型が形成される。

　次に，第二次性徴，とりわけ生殖器は 14, 5 歳から急激に発達が進む。女子では，乳房が発育し，恥毛，初潮がみられる。日本産婦人科学会の資料（1997 年）によると，平均初潮年齢は 12.3 歳，初潮時の平均身長は 152.0cm，平均体重は 42.9kg である。また，男子では陰茎，睾丸が発育し，恥毛，精通がみられる。

　保健体育資料（1993 年）により初潮，精通を経験した人の割合をみると，女子の初潮については，小学 5 年生まで 18％，小学 6 年生は 50％，中学 1 年生は 80％，中学 2 年生は 92％，中学 3 年生は 92％である。また，男子の精通については，小学 5 年生まで 8％，小学 6 年生は 25％，中学 1 年生は 65％，中学 2 年生は 88％，中学 3 年生は 95％である。このように成長の速度には個人差があるが，順序はほぼ同じ経過をたどる。

　身体面の早熟・晩熟が個人に与える影響としては，男子の早熟者は一般に肯定的自己概念を持ち社会的適応がよく，一方，晩熟の男子は否定的な自己像を持ち情緒的に不安定であるという。

それに対して女子は，早熟者は集団の中で目立つということで，おとなしく内向的であり，晩熟者のほうが適応的であるということが指摘されている。

以上のことは，社会にある性役割や，それを個人がどのように受けとめているかといったことに関連している。

(2) 運動能力の発達

身体発達と同様に，体力についても女子の早熟傾向がみられ，12～14歳では女子の体力が男子を上回る。しかし，男子では12歳以降の体力が顕著に向上し，15歳以降は女子を上回る。体力のピークは，男女とも17歳ごろであり，その後は徐々に低下傾向を示す。

現代の若者の体力の低下や運動能力という問題に関しては，上昇しているもの，低下しているもの，変化のないものと一様ではない。しかし，テレビゲームなど室内遊びの増加，受験勉強の激化による運動不足といったことは，体力の低下をもたらすものであり，注意を要するであろう。

(3) 発達加速現象

思春期の発達変化が，近年早まってきているが，これを発達加速現象という。たとえば，女子の平均初潮年齢をみると，明らかに前傾し早くなっていることがわかる。

発達加速現象は，年間加速現象と発達勾配現象の総称である。前者は，身体の形態面の成長加速現象と成熟面の前傾現象の二面からなる。これらは，異なる世代間を比較するものである。

後者は，同一世代間を比較した場合，地域的な違いや生活環境の違いで発達の増大や早期化に差が生じるということである。たとえば，初潮年齢は市部のほうが郡部よりも早く，人口規模の大きい市部ほど早いという勾配がみられる。

しかし最近では，発達加速現象は減速し，勾配も緩やかになってきている。そうは言っても，思春期が児童期を短縮し，成熟の期間が長くなっていることは確かである。そこから身体とこころのアンバランスの問題が生じてくるのである。

2 ── こころの発達変化

(1) 青年期の心理的離乳

　青年期とは，12～13歳から24～25歳ごろまでの時期をさし，思春期を含む18歳ごろまでを青年前期，それ以降を青年後期と区別することもある。

　青年前期，特に中学生の時期は，親に対する見方が変化する時期である。

　それまでは親を手本とし，多くの面で親に頼っていたのが，親の欠点が目につくようになり，親を批判的に見るようになる。

　これは，体力的にも認知能力においても自信が出てきて，親から自立しようという心理作用によるものであるが，未熟さゆえに反抗的な態度をとる場合が多い。これが第二反抗期とよばれる理由である。

　このように，乳児における身体的な離乳と同様，親と自己を切り離そうとするこころの動きを心理的離乳という。しかし，独立の要求によって外面的には反抗的になっていたとしても，精神的にはなお親に依存しているのが中学生の特徴である。

　以上のことは，身体成熟の程度によって異なり，成熟の遅い場合は依然として親が依存対象であるが，成熟が早い場合は親よりも同性の友人が依存対象となってくる。

(2) 境界人

　青年期は，シュプランガー（Spranger, E.）が「第二の誕生」とよんだように，すべての領域で急激な成熟がみられ，自己が確立し始め，社会との接触が始まる時期である。

　この時期には，成長しつつある者に特有な自信，自己主張，あこがれ，理想などが強く示される一方で，挫折感，不安，反抗，批判なども強く体験されやすい。

　このように相反する面がともに存在するのが青年の姿であり，これは青年期が過渡的な性格を帯びているためである。すなわち，特に青年前期は，子どもの世界と大人の世界の境界（マージン）に位置し，もう子どもではない，さりとてまだ大人ではないという状況におかれているのである。

したがって，境界人（マージナル・マン）としての青年は，「自分とは何か」といった自己喪失の不安に悩み，精神的に不安定になりやすいのである。

(3) 性役割の発達

性役割とは，生物学的特性に基づいて社会が個人に期待する一連のパーソナリティ特性を言うが，現実的側面，認知的側面，自己概念の側面に分けることができる。柏木（1973）は，それらをさらに性役割行動，性役割観，性役割同一性に分けている。

性役割行動とは，社会が自己の属する性に期待している行動や性格などの特徴を実際にどの程度身につけているかということで判断される。性役割観とは，自己の性に対する社会からの役割期待の認知および性役割に関する自己の価値観である。性役割同一性とは，社会的な性役割期待や自己の性役割観に照らし合わせた，自分自身の男らしさ・女らしさの自己評価・自己認知である。

性役割行動は，児童期までにほぼ一通り身につけるようになり，性役割観や性役割同一性についても，紋切り型ではあるが性役割観を形成し，ある程度は自己評価ができるようになる。

それらが大きく揺らぐのが，性的成熟が始まる思春期なのである。すなわち，性を担った身体であるといことを強く意識し，自分の性をどのように引き受けるのかという大きな課題が生じるのである。それは，後述するアイデンティティを構成する重要な要素であり，それまでに形成されてきた性役割の再検討を迫られることなのである。

(4) アイデンティティの獲得

エリクソンは，青年期の発達課題の中心にアイデンティティの獲得を提示している。アイデンティティというのは，自己同一性とか自我一体性と言われるもので，社会や同時代の人々，または周囲の人々が，青年に対して，また個人に対して付与するところの社会的定義を青年が自分なりに受けとめ，それを自己についての定義として確認するところの信頼感に満ちた感覚であるという。

すなわち，自分自身が何であるかを考えることであると同時に，他人や社会との相互作用や交流をとおして自分自身のあり方を他人と共有するという社会

的態度を身につけることである。

　アイデンティティには，①自己信頼感，②目標の設定，③対人関係の保持，④情緒的安定性，⑤自己に対する寛容さ，などの下位概念が含まれる。

　エリクソンの立場は，青年の主体的な自己確立の過程を重視しているのであり，青年期の課題は，消極的な意味での成人文化への適応にあるのではなく，社会的な自己確立の道を主体的に歩むことにあるという。

　このため，エリクソンは社会的責任や義務から青年を解放して，自由な挑戦や冒険を試みることを許すという考えを示している。すなわち，エリクソンは青年期の発達課題を成就するための方法として，役割猶予（モラトリアム）という概念を取り入れたのであり，この意味で青年期はモラトリアムの時期であると言えよう。

　以上のように，青年期は幼児期から形成されてきた自分というものを再検討する時期であり，これがうまくいかない場合を，青年期の危機，あるいはアイデンティティ拡散ととらえることができる。

第5章 小・中学生の臨床的問題

1節　児童虐待

1── 児童虐待の現状

　2004（平成16）年度に全国の児童相談所で処理した児童虐待相談件数は，33,408件である。これは，厚生労働省が統計を取り始めた1990（平成2）年度（1,101件）の約30倍であり，児童虐待防止法施行前の1999（平成11）年度（11,631件）に比べても約3倍の増加を示している。

　この原因としては，2000（平成12）年11月に児童虐待防止法が施行されたが，それでも社会を震撼させるような痛ましい事件が続発し，国民や関係機関に児童虐待防止についての認識や理解の高まりがあったためと考えられる。

　また，表5-1に示された虐待の通報経路をみると，家族・親戚，学校・幼稚園に次いで近隣知人からのものが多く，その傾向は2000（平成12）年以降続いている。

　虐待の対象年齢では，全体の半数近くが乳幼児であるが，小学生および中学生の件数が徐々に増加しており，小学生は全体の30％台，中学生が10％台を占めている。

2── 虐待の種類

　虐待の内容をみると，身体的虐待，保護の怠慢ないし拒否（ネグレクト），性的虐待，心理的虐待の4種類に分けることができる。表5-2から，身体的虐

第5章 小・中学生の臨床的問題

● 表5-1 児童虐待の通報経路 (厚生労働省, 2004)

	総数	家族	親戚	近隣知人	児童本人	福祉事務所	児童委員	保健所	医療機関	児童福祉施設	警察等	学校等	その他
平成14年度	(100) 23,738	(17) 4,145	(3) 742	(13) 3,101	(1) 325	(15) 3,567	(3) 619	(6) 1,411	(5) 1,152	(6) 1,349	(6) 1,401	(12) 2,882	(13) 3,044
平成15年度	(100) 26,569	(16) 4,390	(3) 823	(13) 3,435	(1) 351	(14) 3,725	(2) 639	(3) 879	(5) 1,235	(6) 1,488	(6) 1,478	(15) 3,918	(16) 4,208
平成16年度	(100) 33,408	(16) 5,306	(2) 785	(15) 4,837	(1) 410	(13) 4,433	(2) 639	(3) 871	(4) 1,408	(5) 1,611	(6) 2,034	(15) 5,078	(18) 5,996

( ) 内は%

● 表5-2 児童虐待の種類 (厚生労働省, 2004)

	総数	身体的虐待	保護の怠慢ないし拒否（ネグレクト）	性的虐待	心理的虐待
平成14年度	(100) 23,738	(46.1) 10,932	(37.7) 8,940	(3.5) 820	(12.8) 3,046
平成15年度	(100) 26,569	(45.2) 12,022	(38.2) 10,140	(3.3) 876	(13.3) 3,531
平成16年度	(100) 33,408	(44.6) 14,881	(36.7) 12,263	(3.1) 1,048	(15.6) 5,216

( ) 内は%

待が最も多く，次いでネグレクトであり，2つを合計すると全体の80%以上を占めることがわかる。

しかし，最近では心理的虐待が増加しており，平成15年度と16年度を比較すると約50%の増加がみられ，突出した傾向を示している。

心理的虐待とは，「児童虐待の防止等に関する法律」で「児童に著しい心理的外傷を与える言動を行なうこと」にあたり，精神的虐待ともよばれるもので

ある。具体的には，以下のような行動とされる。
・言葉による脅かし，脅迫など。
・子どもを無視したり，拒否的な態度を示すことなど。
・子どものこころを傷つけるようなことを繰り返し言う。
・子どもの自尊心を傷つけるような言動など。
・他のきょうだいとは著しく差別的な扱いをする。

すなわち，子どものこころを不適切に取り扱うことであり（「バカ」「ダメな子」「役立たず」などと頻繁に言う），子どもの人格を尊重する言動とは正反対のものである。

身体的虐待は家族の外からも目につきやすく，医師や教師も身体の傷を発見しやすい立場にあるので，周囲から通報されることもある。ネグレクトも衣服が汚れていたり，空腹そうだったりすれば，発見されることもあるだろう。

しかし心理的虐待は，言葉や態度による心理的暴力であるため，大声で怒鳴ったりすることが頻発する場合を除けば，家族以外の人から発見されにくいものである。したがって，軽視されがちであるが，身体的虐待が子どもの心身に大きな外傷を与えるのと同様に，心理的虐待は子どものこころに後々まで残る外傷を与える行為なのである。

3 ── 児童虐待の防止等に関する法律

「児童虐待の防止等に関する法律」が改正され，2004（平成16）年10月に施行された。改正のおもな点として，以下のことがあげられる。

・児童虐待の定義の見直し（第二条）
　①保護者以外の同居人による児童虐待と同様の行為を，保護者によるネグレクトの一類型として児童虐待に含まれるものとする。
　②児童の目の前でドメスティック・バイオレンスが行なわれる等，児童への被害が間接的なものについても児童虐待に含まれるものとする。
・国及び地方公共団体の責務の改正（第四条）
　①児童虐待の予防及び早期発見から児童虐待を受けた児童の自立の支援まで，これらの各段階に国及び地方公共団体の責務があることを明記する。
　②国及び地方公共団体は，児童虐待の防止に寄与するよう関係者に研修等

の必要な措置を講ずるとともに，児童虐待を受けた児童のケア並びに保護者の指導及び支援のあり方その他必要な事項について，調査研究及び検証を行なうものとする。
・児童虐待に係る通告義務の拡大（第六条）
「虐待を受けた児童」から「虐待を受けたと思われる児童」を通告義務の対象とし，現行法よりもその範囲を拡大する。
・警察署長に対する援助要請等（第十条）
①児童相談所長又は都道府県知事は，児童の安全の確認及び安全の確保に万全を期する観点から，必要に応じ適切に警察署長に対し援助を求めなければならないものとする。
②①の援助を求められた警察署長は，必要と認めるときは，速やかに所属の警察官に，必要な措置を講じさせるよう努めなければならないものとする。
・面会・通信制限規定の整備（第十二条）
保護者の同意に基づく施設入所等の措置が行なわれている場合についても，児童との面会・通信を制限できることを意図した規定を整備する。
・児童虐待を受けた児童等に対する支援（第十三条の二）
児童虐待を受けたために学業が遅れた児童への施策，進学・就職の際の支援を規定する。

以上のことと関連して，児童福祉法の一部が改正されており，児童虐待防止対策等の充実・強化として，①児童相談に関する体制の充実，②児童福祉施設，里親等の見直し，③要保護児童に関する司法関与の見直し，が講じられている。

4 ── 事例研究

小学生と中学生に関して，典型的と思われる虐待事例を取り上げることにする。

(1) **事例1（小学2年生の女児A子：心理的虐待）**

父，母，本児，弟の4人家族。A子が小学1年生のときに，母親の怒鳴り声やA子の泣き声を聞いた地域住民から，児童相談所に何度か通報があった（母

親は,それを密告と称した)。児童相談所は家庭訪問し,A子とのかかわりを求めるが,母親は拒否した。さらに,母親は通報した住民を一方的に決めつけ,攻撃的な言動をとるため,地域内のトラブルとなり,地域からますます孤立していった。

2年生になり,A子は母親の財布からお金を取ったり,近所のスーパーでお菓子を万引きすることがあった。母親は激怒し,1学期はA子を監視するため,母親同伴で登下校した。2学期はひとりで登校していたが,再び万引きした。母親は児童相談所に,「少年院のようなきびしい施設に入れてほしい」と一方的に要求したので,父親の同意を得て一時保護することになった。

しかし,一時保護所で楽しく過ごしているA子の様子を知ると,「きびしい施設でないとかえって堕落する」とA子の前で言った。ケース担当者は,両親と再三の面接をくり返し,A子への理解を求めた。

一時保護は114日間に及び,最初,施設へ行きたいと言っていたA子は,一時保護の期間が長くなると,家に帰りたいと言うようになった。母親は,「施設に入ったら親子の縁を切る」と施設入所に否定的だった。

児童相談所は,やむを得ず学年末を機に保護者引き取りとした。引き取りに際し,両親から「児童相談所がかかわっているという証明書がほしい」と要求があり,今後も継続的な指導が必要という判断から,児童相談所は児童福祉司指導という措置をとり,その文書を渡した。

本事例では,両親の教育への過度の偏重により,A子は不平不満を持ちながら,両親に押さえられ萎縮し,感情が発散できずに情緒不安定になっていた。すなわち,A子は心理的虐待という状況にあったと思われる。

(2) 事例2(中学3年生の男子B男:身体的虐待)

父,兄,本児の3人家族。B男が中学1年生のときに,中学校より虐待の通告がある。「手の甲,腕,顔にタバコを押しつけられた跡がある」という身体的虐待の訴えと,ネグレクトもみられるとのことだった。

B男自身にも「家出」「万引き」「金銭持ち出し」等の問題行動があって,父親自身も困っていたので,3学期に父親の同意で一時保護を開始した。

2年生の新学期が始まる前に,「暴言,暴力をふるわない」「無理に勉強させ

ない」「食事の準備をする」等の約束を父親としたうえで,家庭引き取りとなった。
　しかし以後も,同様の理由で一時保護を3回くり返し,中学校3年間で総日数が171日に及んだ（中1：58日,中2：19日,中3：94日）。
　一時保護を行なうたびに,ケース担当者は施設入所についての説得を行なうが,父親は世間体を理由に応じなかった。B男自身も家へ帰ることを希望したため,結局は施設入所にいたらなかった。
　3年生の2学期に,4回目の一時保護を行なった際,父親はいつものように最初は施設入所に拒否的だった。しかし,B男自身に自分を変えないといけないという気持ちがあり,「B男の家出等の問題行動の改善のため」という目的で児童自立支援施設への入所を勧めたところ,父親は施設入所に同意した。
　その後,B男は高校受験をめざして勉強し,県立高校に合格した。父親がB男に勉強させていたのは,高校へ進学してほしいという強い希望からであり,合格を喜んだのは言うまでもなかった。
　約4か月後に,B男は児童自立支援施設から児童養護施設へ措置変更となった。施設から高校へ通うためである。
　父親は措置変更にすんなり同意し,B男自身も施設での生活を希望し,高校を卒業するまでは施設にいたいと言っている。

2節　少年非行

1 ── 少年非行の現状

　少年法が1949（昭和24）年に施行されて以来,2004（平成16）年までの55年間の非行状況は,図5-1のとおりである。この図からわかるように3つの波が示されており,第一の波のピークは,戦後の混乱と貧困の社会状況にあった1951（昭和26）年である。第二の波のピークは,東京オリンピックが開催された1964（昭和39）年であり,第三の波のピークは,1983（昭和58）〜1988（昭和63）年ごろである。さらに,1997（平成9）年ごろから第四の波を示していると言われている。

2節　少年非行

● 図5-1　刑法犯少年の検挙人員，人口比の推移（昭和24〜平成16年）（警察庁，2004）

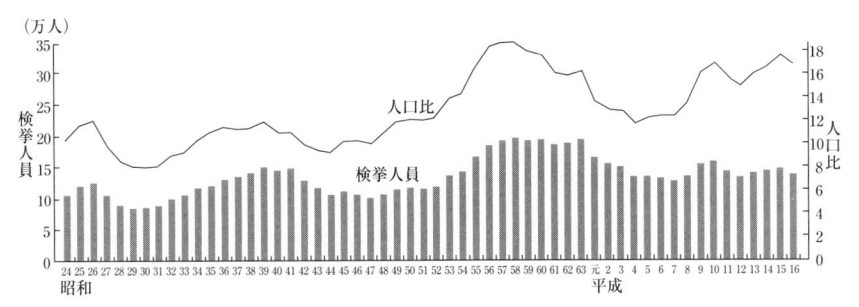

(注) 1　検挙人員とは，交通業過を除く刑法犯（ただし，昭和40年以前は盗品等に関する罪，住居侵入等を除く）で検挙した14歳から19歳までの少年をいう。
2　人口比とは，14歳から19歳までの少年人口1,000人当たりの検挙人員をいう。

各時期の非行の特徴から最近の傾向として，次のようなことが言えるだろう。
①非行の一般化や低年齢化がみられる。
②非行の場が実社会から家庭や学校に移っている。
③薬物や車などによって現実から逃避するタイプが増えている。
④女子の性非行が深刻化している。

非行の原因としては，非行少年には社会からの落ちこぼれ，認められないことに対する不満があること，欲求不満耐性や自己統制力が弱いこと，非行文化に感化されやすいこと，があげられる

2 ── 少年法における非行少年

少年法では，「少年とは，20歳に満たないものをいう」と定義しており，非行少年を次のように規定している。

① 「犯罪少年」は，14歳以上20歳未満の窃盗，強盗，恐喝，暴行，傷害，わいせつ，放火などの罪を犯した少年のことである。家庭裁判所の対応となる。
② 「触法少年」は，14歳未満で窃盗，傷害，恐喝，わいせつ，売春防止法，道路交通法など刑罰法令に触れる行為をした少年のことである。児童相談所の対応が基本である。

③「虞犯少年」は，一定の事由があって性格又は環境に照らして，将来，罪を犯し，又は刑罰法令に触れる行為を行なう虞（おそれ）のある少年のことである（たとえば，家出，けんか，不良グループ，シンナー遊びなどによる補導）。これについては，14歳未満に対しては児童相談所，14歳以上18歳未満については児童相談所または家庭裁判所，18歳以上は家庭裁判所となる。

以上でわかるように，小学生はもちろんのこと，中学生についても児童相談所で取り扱う場合が多いのである。

3 ── 小・中学生の非行

少年非行には，それほど非行性のない少年による一過性の非行と，相当程度の非行性のある少年による非行とがある。前者の大部分は，万引きや自転車盗といった窃盗であり，それほど非行性の進んでいない少年が単純な動機から行なう非行である。

この傾向は1970年代から急増し，当時は遊び型非行と言われていたが，適切な指導をすれば多くの少年は立ち直っていくことがわかり，1980年代からは初発型非行と言われるようになった。

それに対して後者は，問題の深い非行であり，少年非行の核心となるものである。ただし，前述したように非行の一般化によって，中流以上の家庭の非行歴のない少年が，凶悪な事件を起こすことも現代の特徴と言える。

非行の形成過程を考えると，小学生時代から，また中学生となって，学業不振が目立ちはじめ，学校内の行動にも問題をみせるなど学校不適応状態が現われる。もちろん，この背景には家庭的な問題のあることが多い。

以前は，貧困家庭やひとり親家庭などが非行の直接的な原因になることが多かったが，現在の状況は異なっている。経済的にもふつうであり，両親も健在であるが，養育やしつけに対する無関心や放任，家庭内の親子関係の問題などにより，基本的生活習慣や対人関係の持ち方がうまくできない子どもが増えていると思われる。

小学生の段階でつまずき，勉強やスポーツなどから遠ざかり，それらに背を向けてしまう。そして中学生になると，学校不適応状態が目立ち深刻化していく。

思春期の心理により教師や親への反発が強くなったり、無気力になったりする。友人関係は同類の者が集まり、学校社会から孤立していく。やがて集団で校則に反する行動や、教師への反抗的・攻撃的な行動をとり、自己顕示と存在感を示すようになる。

このような行動を反復継続する過程で不適応状態はますます進行し、社会環境にもなじまなくなり、非行性を深刻化させていくのである。

4 ── 児童自立支援施設

非行傾向のある児童のうち、小学生など比較的低年齢の児童や、家庭環境に非行のおもな原因がある児童は、児童福祉法による措置、すなわち児童相談所が処遇を決定する場合が多い。

児童相談所では、次のような方法がとられる。
① 児童または保護者を訓戒し、誓約書を提出させる。
② 児童福祉司、社会福祉主事、児童委員などに指導させる。
③ 里親に委託する、または児童自立支援施設等の児童福祉施設に入所させる。
④ 家庭裁判所に送致する。

このうち、③の児童自立支援施設は、児童福祉法第44条により設置されている児童福祉施設である。そこでは、「児童自立支援施設は、不良行為をなし、又はなすおそれのある児童及び家庭環境その他の環境上の理由により生活指導等を要する児童を入所させ、又は保護者の下から通わせて、個々の児童の状況に応じて必要な指導を行ない、その自立を支援することを目的とする施設とする」と規定している。

児童自立支援施設は、家庭や地域から離れた豊かな自然環境の中にあり、そこで児童たちは健康な身体やこころを育て、社会や人間に対する信頼を回復し、将来への希望と自信を持って、社会に巣立っていけるよう自立支援される。

家族的雰囲気の生活寮で職員や他の児童たちとともに生活し、生活習慣や安定した人間関係を持つことを学んでいる。また、施設内に公的教育が導入され義務教育が実施されているところもあり、基礎学力の不足が補われている。

その他にも、クラブ活動で対外試合に出場したり、職場実習などを行なっている。

5 ── 事例研究

　C男が2歳のときに両親が離婚し，母子はその後3年間は内縁関係の男性を含めて3人で生活していたが，C男が5歳のときに男性と別れてからは，母子2人の家庭である。

　保育園時代はほぼ順調であったが，小学校入学後，2週間目から断続的不登校状態となった。母親は生活のため昼夜にわたり就労しており，C男は母親の帰宅を待っていることも多かったという。

　2年生になると全欠席の状態になり，金銭窃取やいたずら，母親への暴力などをくり返すことで母親を困らせ，母子関係が悪化し始めた。そうした状況が母親を追い込み，「食事を作ってやらない。C男を殺してしまいそう」などとC男に対する拒否感情を抱くようになった。

　相談相手のいない母親は，児童相談所にみずからの虐待を訴え，児童相談所は家庭訪問してC男を一時保護した。

　2か月余りの一時保護をとおして，C男の生活習慣の立て直しと母子関係の調整が行なわれた。学校の担任による学習指導や母親の面会と定期的な一時帰宅などにより，2学期からの在宅指導が整えられた。

　2学期に入り担任の粘り強い取り組みによって，遅刻しながらもなんとか登校できるようになった。児童相談所は，母子による通所指導を行なうことで在宅での支援を続けた。

　母親みずからが両親による虐待を受けてきたため，子どもへのかかわり方がわからず，日常生活場面の当然とも思えることまで困惑して質問してきた。また，感情の起伏が激しく，涙ながらに話すことも多かった。

　3年生になり，前担任との対応の違いから再び不登校になったが，担任に理解を求め，母親との関係調整を行なうことで，C男は登校を再開するようになった。その年の2学期から，家庭内での母子密着型依存関係の変化および通所指導の補完を目的として，児童相談所はメンタルフレンドの派遣を開始した。

　3学期に入り時どき休むことはあったが，C男は精神的に安定しており，母親も以前のようにパニックになったり困惑したりする場面は少なくなった。

　4年生になるとおおむね順調に登校し，下校後も友だちと元気に遊ぶように

なった。C男は，「いつまで（児童相談所に）通わなければいけないの？　友だちと遊ぶほうが楽しい」と母親に訴え，学校や友だちのほうに目を向けるようになった。

　以上のことから，1学期末で通所指導を終結し，母親に対しては不安が生じれば連絡するよう伝えたのだった。

　それから3年後の秋に，警察からの身柄付通告でC男を緊急に一時保護した。中学1年生のC男は，背は高くなっているものの，顔つき，表情は以前とあまり変わらず，穏やかであるが幼稚な感じだった。

　中学生になってからまた学校を休むようになり，出席が3分の1，欠席が3分の2で，出席の8割以上が遅刻だった。学校を休む理由は特になく（学校がおもしろくない），遅刻するのは深夜テレビを見て夜遅くまで起きているため朝起きられないということだった。

　休んだときは，テレビゲームをしたりマンガを読んだりしていたようで，C男は以前から（団地の自宅の上の階の）子どもたちの足音がうるさいと思っていた。そこで仕返しのため何か物を盗って困らせてやろうと考え，ベランダから上の階に行き，風呂の窓をドライバーで外して，そこから侵入した。そして部屋の中を物色して，子どもの貯金箱から小銭やテレビゲームのソフトを盗み出したということであった。

　うまくいったので，C男はその後も同じことを何回かくり返した。しかしある日，留守だと思っていた（顔見知りの）その家の祖母がいて，見つかってつかみ合いになり，その祖母の顔面を殴って逃走したのだった。

　パトカーが何台か出動する大騒ぎとなり，自宅に逃げ込んでいたC男は補導され，前述した身柄付通告となったしだいである。

　結局のところ，C男は小学校時代と同じことをくり返していた。内面の成長があまりみられず，未熟なままであった。母親も子どもと適度な距離がとれず，あきらめからか放任的な養育になっていたものと思われる。

　C男は母親への甘えがあり，まさか母親が自分を施設へ入れるとは思っていなかったようであるが，母親の同意のもとでC男は児童自立支援施設入所となったのである。

第 5 章　小・中学生の臨床的問題

3 節　いじめ

1 ── 社会問題としてのいじめ

　いじめが社会問題として注目されたのは，1985 年のことである。この年のいじめの発生件数は，小学校 96,457 件，中学校 52,891 件だった。ちなみに，校内暴力は公立中学校 2,411 件，不登校は小学生 4,071 人，中学生 27,926 人であり，いじめがいかに多いかがわかる。

　当時の文部省（現 文部科学省）は，全国でいじめによる子どもの自殺が相次いだため，いじめ指導の充実を求める通知を出した。しかし，その後もいじめによる自殺は続き，翌年の 1986 年には東京都の中学校で担任教師も加担したクラス全員による「葬式ごっこ」で，中学生男子が自殺する事件が起きたのである。

　いじめはこの年をピークに，翌年には小学校 26,306 件，中学校 23,690 件へと激減する。その後も減少を続けるが，一方で不登校は増加する。すなわち，不登校のきっかけとしていじめの問題があり，いじめの質が暴力的なものから陰湿なものへと変化したことを示している。

　その後も，1993 年に山形県の中学校でマット殺人事件が起きた。そして，潜在化するいじめが明らかになったのが，1994 年に愛知県で起きた中学生の自殺で，同級生からいじめを受けていたという遺書を残していた。

　この事件によって，いじめが大きな社会問題として再浮上し，いじめに当たるか否かの判断は，いじめられた児童生徒の立場に立って行なうということになったのである。

2 ── いじめの定義とタイプ

　当時の文部省のいじめの定義は，「自分より弱いものに対して，一方的に，身体的・心理的に攻撃を継続的に加え，相手が深刻な苦痛を感じているものであって，学校としてその事実を確認しているもの」となっていた。しかし，実際に教師の前でいじめを受けていても，教師が気づかなかったり，児童・生徒のじゃれ合いと考え無視すれば，いじめではないということになる。

3節　いじめ

したがって現在では，「①自分より弱いものに対して一方的に，②身体的・心理的に攻撃を加え，③相手が深刻な苦痛を感じているもの」としている。

この規準で調査したいじめの年度変化をみると，図5-2でわかるように1995（平成7）年度をピークに減少し続けており，2003（平成15）年度は，小学校6,051件，中学校15,159件，高等学校2,070件，合計23,351件となっている。

学年別では，小学校において学年が進むにつれて多くなり，中学1年生をピークとして以後減少する山型傾向を示す。また，いじめの手段としては，学年が進むにつれて，「ひやかし・からかい」や「仲間はずれ」の占める割合が減少し，「暴力」や「言葉での脅し」が上昇する。

森田と清水（1994）は，いじめの手段をグループ分けし，次の4つのタイプにまとめている。

＜第1群：心理的いじめ型＞
　精神的攻撃性を強く含み，あからさまないじめ動機を直接表明する行為で

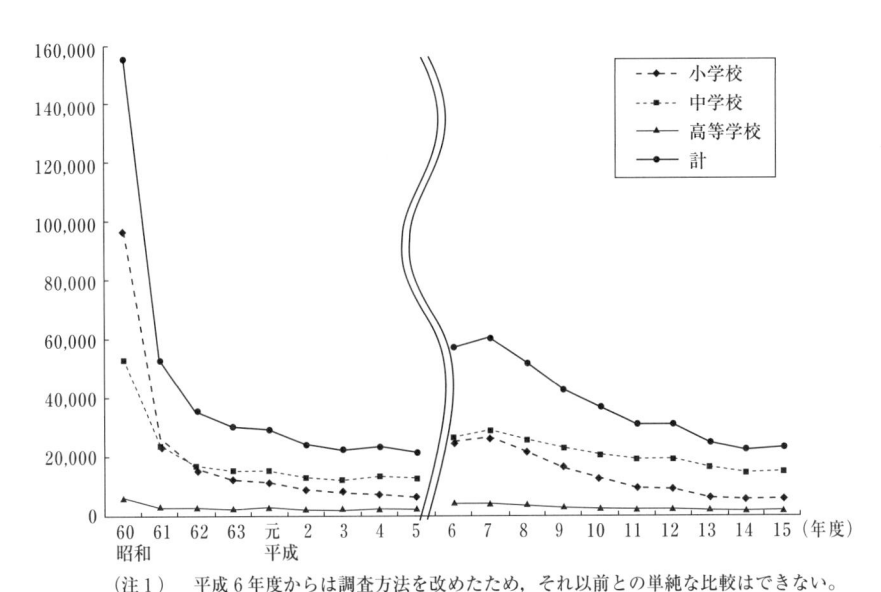

（注1）　平成6年度からは調査方法を改めたため，それ以前との単純な比較はできない。
（注2）　平成6年度以降の計には，特殊教育諸学校の発生件数も含む。

● 図5-2　いじめの発生件数の推移（文部科学省）

ある点からこう名づけられる。まわりの子どもたちも巻き込んだ集団いじめであり、かつ陰湿な手口であるという点で現代のいじめの典型的な形態とされる（例：仲間はずれ・無視、しつこく悪口を言う）。

＜第2群：心理的ふざけ型＞
第1群よりも物理的な攻撃性を伴うが、いずれも軽微で、むしろ「あそび」や「ふざけ」の要素が強く結びつき、物理的攻撃性よりも精神的苦痛を与えるという動機が優先したもの（例：持ち物をかくす、無理やり嫌がることをする、たたく・ける・つねるなどの小暴力）。

＜第3群：物理的いじめ型＞
相手に身体的・物質的被害を与えることを直接の目的とする。特に「プロレスごっこ」は、あそびとして巧妙に偽装され、かつ粗暴性が高い点で第2群と異なる（例：プロレスごっこなどで一方的にわざをかける、おどす、金や物を取り上げる）。

＜第4群：物理的ふざけ型＞
第2群と似通った性質を持つが、身体的攻撃性がより強いもの（例：着ているものを脱がす）。

3 ── いじめの構造

森田と清水（1994）は、図5-3のように、いじめを4層構造で示している。
① 被害者：いじめられっ子。
② 加害者：いじめっ子。
③ 観衆：自分で直接手を下さないが、まわりでおもしろがり、時にははやしたてる存在。いじめに加担し加害者側に立つが、いじめのきっかけをつくる「仕掛け人」タイプも含まれる。
④ 傍観者：いじめを見ながらも知らぬふりを装っている子ども。その中にはわずかではあるが、いじめをとめに入る「仲裁人」も含まれる。

このうち、観衆と傍観者はいじめを助長したり、抑止する重要な要素であり、そのどちらになるかは子どもたちの反応によって決まるという。

また、これらの役割は固定したものではなく、常に入れ替わる可能性があり、その例としていじめた経験といじめられた経験を同時に持っている「被害・加

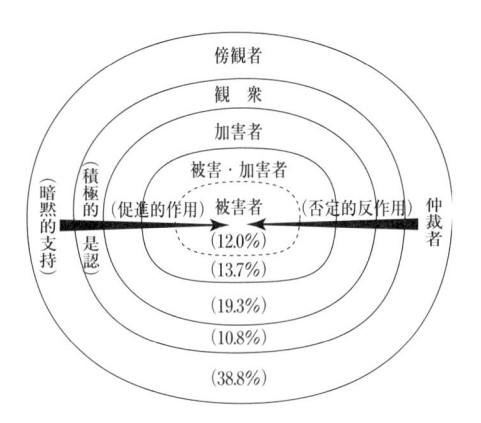

● 図 5-3　いじめ集団の構造 （森田・清水，1994）

害者」層の存在が指摘される。

　以上のように，現代のいじめの構造は，一部の加害者と被害者の間に起こる現象ではなく，被害者を取り囲むようにクラス全体を巻き込んだものであり，被害者よりも加害者およびその加担者のほうが人数的に多いことが問題である。

　したがって，いじめを加害者と被害者の二者だけの問題として対応するのではなく，その集団全体の問題として対応する必要がある。また，前述したように，常にいじめられる側に立った対応を心がけるべきであり，いじめられる子どもにも問題があるという見方を排除しなければならない。

4 ── 事例研究

＜主訴＞
学校へ行きたがらなくなり，毎日，遅刻している。同級生にいじめを受けている。その他の気になることとして，しつこく手洗いをする。

　中学 1 年生の男子 D 男。父，母，本児，妹の 4 人家族。D 男は小学生のときからサッカーをし，現在もサッカー部に所属しているということで，痩せ型であるが健康そうな感じである。

　3 学期になってからいじめがひどくなり，それで週に 1，2 日休むようになっ

た。毎日，同級生2人からちょっかいを出されている。たとえば，上ばきを隠される。1人はずっと一緒のクラスで，もう1人は小6のときに同じクラスだった。2人とも小学生のときに引越ししてきた。

遊ぼうと誘われても，言い訳して遊ばないようにしている。それがばれたときは，川に落とされそうになった。

SCT（文章完成テスト）には以下のような記述があった。

- 時どき気になるのは…友だちです。僕はすぐに気にしてしまいます。だから毎日が悩みだらけです。
- 私がくやしかったのは…「○○」や「△△」に何も言い返しや仕返しができないことです。
- 私を苦しめるのは…アホの「○○」と「△△」。あと，そいつらと一緒になって言ってくるやつら。

P-Fスタディからは，GCR（集団一致度）が50％で社会適応性がやや低く，E'（他責方向障害優位型の反応）が多いので，欲求不満になると単なる不平，失望に終始してしまい，自己主張や問題解決に向かうことが少ないと考えられる。

D男から話を聞くと，小学生のときは2人よりD男のほうが力が強く乱暴で，むしろD男がいじめていたようである。したがって，そのときの仕返しをされているのかもしれなかった。

友だちは悪い人もいればいい人もいて，いい人は少ないと思っているが，けっして友だちのすべてが悪いイメージではない。部活の友だちと釣りに行ったり，塾の友だちは最高だと言っている。その友だちがD男を2人からかばってくれたこともあった。

2年生になり，いじめっ子2人とクラスが変わったこともあり，いじめられることもなくなったようで，休まずに登校できるようになった。

とりあえず，表面的には問題がなくなったように思われるが，D男のケースをとおして，以下の2つのことが明らかになった。

① クラス全体が荒れているようで，D男は「先生はもうちょっとみんなをちゃんと叱ってほしい」と思っていて，注意する先生と注意しない先生がいるようだった。授業にならない教科もあるようで，特に女子生徒が先生に向

かって「死ね」「うざい」「消えろ」などと言ってばかりいるということだった。つまり，このような雰囲気の中にこそ，いじめの風土といえるようなものがあるのではないかと思われる。

② D男には，洗浄強迫のようなものが認められた。よく手を洗うこと，特に風呂に入るとすぐに石鹼がなくなってしまい，トイレに入ると，使いすぎてトイレットペーパーがすぐになくなってしまうようである。D男自身もわかっていたが，やめられなかった。この原因として，「学校は毎日が苦痛」と表現していたように，いじめなどで学校のストレスが大きいことによると思われたが，それだけではなかった。両親の関係がよくなく，特に母親自身が子育てや家庭の悩みといったこころの葛藤をかかえていた。すなわち，家庭の中に緊張感があって，それを繊細なD男が感じ取っていたと推測される。

4節　不登校

1 ── 名称の変遷

　1941年，ジョンソン（Johnson, A. M.）らは学校に強い不安を示し，不登校に陥る子どもたちを学校恐怖症（school phobia）と名づけた。以後，登校しようと思ってもなんらかの心理的理由によって登校できない子どもについての理解が深まってきた。

　しかし，ジョンソンらの中核症状は，親と離れることへの恐怖，つまり分離不安であり，学校そのものが恐怖の対象ではないという理由から，徐々に登校拒否（school refusal）という言葉が使われるようになった。

　日本においては1960年代後半から，登校拒否という言葉が主流となったが，「拒否」という言葉が強すぎ，登校の意志があり必ずしも拒否しているわけではないので，心理状態を適切に表現しているとは言えないということになった。そこで現在は，不登校（non-attendance at school）という用語が多く使われている。

2 ── 不登校の定義とタイプ

不登校にはいろいろな定義があるが,稲村（1994）は次の3つに大別している。
①最も狭義の定義：すべての学校へ行かない行動のうちから，精神障害によるもの，怠け（怠学）によるもの，一過性のもの，信念を持った積極的なものなどを除き，学校恐怖症と言われる神経症的なものだけに限局する。
②もう少し広くとる定義：①の他に，精神障害によるもの，怠け（怠学）によるものなどを加える。
③最も広義の定義：学校へ行かないすべての行動を不登校の中に含める。

一般的には，不登校の中核群は狭義の定義で示される「登校する意志がありながらも登校できずにさまざまな神経症的症状を示すもの」であり，それ以外の心理的理由を含めたものが広義の不登校とよばれることが多い。なお，文部科学省は,病気や経済的な理由によるものを除くが,広義の定義を採用している。

不登校のタイプについて，小泉（1973）は図5-4のように示している（なお，小泉，1973では「不登校」ではなく「登校拒否」の言葉が用いられている）。ここでは,狭義の神経症的登校拒否（不登校）を,優等生の息切れ型（Aタイプ）と過保護による未成熟型（Bタイプ）に分けている。また，精神障害によるも

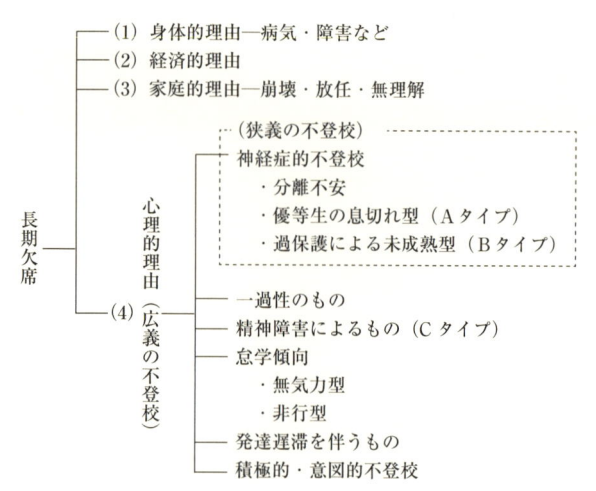

```
                ┌─(1) 身体的理由─病気・障害など
                ├─(2) 経済的理由
                ├─(3) 家庭的理由─崩壊・放任・無理解
                │      ┌┄┄┄┄┄┄┄┄┄┄┄┄┄┄┄┄┄┄┄┄┄┄┄┄┄┄┄┄┄┄┄┄┄┐
                │      ┆  (狭義の不登校)                    ┆
                │      ├─ 神経症的不登校                    ┆
      長   心   │      ┆     ・分離不安                      ┆
      期   理   │      ┆     ・優等生の息切れ型（Aタイプ）   ┆
      欠   的   ┤      ┆     ・過保護による未成熟型（Bタイプ）┆
      席   理   │      └┄┄┄┄┄┄┄┄┄┄┄┄┄┄┄┄┄┄┄┄┄┄┄┄┄┄┄┄┄┄┄┄┄┘
           由   │      ├─ 一過性のもの
           (4) │      ├─ 精神障害によるもの（Cタイプ）
           広   │      ├─ 怠学傾向
           義   │      ┆     ・無気力型
           の   │      ┆     ・非行型
           不   │      ├─ 発達遅滞を伴うもの
           登   │      └─ 積極的・意図的不登校
           校
```

● 図5-4　不登校のタイプ　（小泉，1973；稲村，1994より作成）

4節　不登校

● 表 5-3　不登校の態様区分（文部科学省, 2003）

	区　分	区分の説明	小学校	中学校	計
A	学校生活に起因する型	いやがらせをする生徒の存在や教師との人間関係等，明らかにそれと理解できる学校生活上の原因から登校せず，その原因を除去することが指導の中心となると考えられる型。	人 1,146 (4.8) ⑤	人 6,749 (6.7) ⑤	人 7,895 (6.4) ⑤
B	あそび・非行型	遊ぶためや非行グループに入ったりして登校しない型。	164 (0.7)	11,367 (11.4) ④	11,531 (9.3) ④
C	無気力型	無気力でなんとなく登校しない型。登校しないことへの罪悪感が少なく，迎えに行ったり強く催促すると登校するが長続きしない。	4,235 (17.7) ③	20,420 (20.4) ③	24,655 (19.9) ③
D	不安など情緒的混乱の型	登校の意志はあるが身体の不調を訴えて登校できない。漠然とした不安を訴えて登校しない等，不安を中心とした情緒的な混乱によって登校しない型。	7,819 (32.6) ①	25,409 (25.4) ②	33,228 (26.8) ②
E	意図的な拒否の型	学校に行く意義を認めず，自分の好きな方向を選んで登校しない型。	874 (3.6)	4,743 (4.7)	5,617 (4.5)
F	複合型	上記の型が複合していていずれが主であるかを決めがたい型。	7,366 (30.7) ②	27,087 (27.1) ①	34,453 (27.8) ①
G	その他	上記のいずれにも該当しない型。	2,363 (9.9) ④	4,313 (4.3)	6,676 (5.4)
	計		23,967 (100.0)	100,088 (100.0)	124,055 (100.0)

(注) 1　態様の分類は，教育センターなどの客観的な判定（診断）を参考にし，現在または不登校の状態であった期間のうち，最も現在に近いときの状態によって学校が行なったものである。
(注) 2　○付き数字は，順位を示す。

のをCタイプとしている。

文部科学省は表5-3のように，教育的観点から7つのタイプに分類している。これによると，全体としては複合型が多く，小学校では情緒的混乱型，中学校では複合型が一番多いことがわかる。

3── 不登校児童生徒数の推移

文部省（現 文部科学省）は「学校ぎらい」を理由として年度間に50日以上欠席した長欠児童生徒数を登校拒否児童生徒数としているが，1991（平成3）年度からは30日以上の欠席者も調査している（表5-4）。

それによると，不登校児童生徒数の割合は，2001（平成13）年度までは増加しているが，それ以降は減少している。2003（平成15）年度間に30日以上欠席した不登校児童生徒数は，小学生24,077人，中学生102,149人で，前年度間に比べ小学生は6.9％減少，中学生は3.1％減少となっている。

この理由としては，①子どもの相談に応じるスクールカウンセラーの配置，

● 表5-4 不登校児童生徒数の推移（平成6〜平成15年度間）（文部科学省，2003）

区分	小学校			中学校		
	不登校者数	全児童数	比率（％）	不登校者数	全生徒数	比率（％）
平成6	15,786	8,582,871	0.18	61,663	4,681,166	1.32
7	16,569	8,370,246	0.20	65,022	4,570,390	1.42
8	19,498	8,105,629	0.24	74,853	4,527,400	1.65
9	20,765	7,855,387	0.26	84,701	4,481,480	1.89
10	26,017	7,663,533	0.34	101,675	4,380,604	2.32
11	26,047	7,500,317	0.35	104,180	4,243,762	2.45
12	26,373	7,366,079	0.36	107,913	4,103,717	2.63
13	26,511	7,296,920	0.36	112,211	3,991,911	2.81
14	25,869	7,239,327	0.36	105,383	3,862,849	2.73
15	24,077	7,226,910	0.33	102,149	3,748,319	2.73

（注）1　比率は不登校者数の全児童生徒数に対する比率である。
　　　2　不登校（平成9年度までは「学校ぎらい」）とは，何らかの心理的，情緒的，身体的，あるいは社会的要因・背景により，児童生徒が登校しないあるいはしたくともできない状況にあること（ただし，病気や経済的な理由によるものを除く）をいう。

②教育委員会による教育支援センター（適応指導教室）の増設，③民間のフリースクールの飛躍的な増加，などによって子どもたちの居場所が増えたことがあげられる。

学年別では，学年が進むにつれて多くなり，特に中学校になると急増し，最も多いのが中学3年生である。

4 ── 症状と経過

不登校のサインとしては，休日の翌日に欠席したり，遅刻・早退が多くなったりすることとともに，身体症状がみられることが多い。

たとえば，発熱，頭痛，腹痛，悪心・嘔吐などであり，これらは初期段階からみられ，不登校の経過中持続することが多い。

また，精神症状を示す場合もあり，不安，恐怖，強迫症状，抑うつなどがあげられ，さらに家庭内暴力や逸脱行為といった行動化がみられることもある。

不登校は一定の経過をたどることが多いが，本城（1994）は次のような段階を設定している。

①第Ⅰ期（混乱期）：この時期の子どもは種々の理由を述べて学校を休み始める。家族は身体疾患を疑うが，身体的異常は通常見出されない。この時期の子どもも親も混乱しており，どう対応してよいかわからず，親は強引に登校させようとする。

②第Ⅱ期（退行期）：親が子どもを無理に登校させることを断念すると，子どもは拒否的態度を示すことが少なくなり退行していく。そのため子どもの生活がしだいにだらしなくなり，無気力な生活に陥るので，家族は病状が悪化したと考え，不安や焦りをより強く感じることもある。

③第Ⅲ期（内閉期）：第Ⅱ期と明確に区分できないが，退行が進行し，それが底をうち，そこで安定した状態。外見的にはだらしなく，無気力にみえるが，心的エネルギーは内面へと向かっており，こころの作業が忙しく行なわれる「蛹の時期」。

④第Ⅳ期（前進期）：第Ⅲ期を過ぎると，子どもは徐々に社会に向かって動き始めるが，ただちに社会復帰につながるわけではなく，試行・挫折・ひきこもりをくり返す。その過程の中で本人の方向性がしだいに明らかと

⑤第Ⅴ期（社会参加期）：ある日家族には黙って自分から友だちに電話して時間割を確認し，翌朝，急に登校し始める。もちろん再登校だけが社会参加というわけではない。

5 ── 原因と治療

　不登校にはさまざまな要因が作用しているが，準備因と誘因に分けることができる。

　準備因としては，①主として家庭の要因（母子関係，親の養育態度など），②主として本人の要因（自己の過大評価，自我発達上の未成熟さ，耐性の欠如など）があげられる。

　また，誘因としては，主として学校要因（知育偏重，受験など）があげられ，その他として社会状況も考えられる。

　次に，不登校児童生徒に対してはさまざまな相談・治療が行なわれているが，大きく2つの立場があると思われる。

- 不登校の期間が長引くことにより，再登校に対する子どもの心理的困難は増大するため，可能な限り速やかな再登校をめざす立場。
- 必ずしも子どもの再登校を治療目標とするのではなく，子どもの心理的成長と自立を目標とする立場。

具体的な治療技法は多彩であるが，次のようなものがあげられる。
①カウンセリング
②遊戯療法，箱庭療法，行動療法など
③訪問治療
④合宿療法，キャンプ療法

　通常は親子が通所して①または②が行なわれるが（第6章参照），子どもがひきこもっていて来所できない場合は③が行なわれ，集団参加が必要と判断されるときは④を行なうこともある。

6 ── 事例研究

　小学生と中学生の不登校事例を取り上げる。

(1) 事例1（小学5年生の女子E子）

　共働きの両親と小学1年生の妹と1歳の妹の5人家族。

　E子は保育園のころから登園しぶりがあり、小学校に入学しても集団登校ができず、母親が送っていったり、先生が迎えに来てくれたりして登校した。

　4年生になり、家は出ても学校に行かずに帰ってくるようになった。そして、5年生の5月の連休明けから初めて連続して休み、心配になった母親が相談しに来たのである。

　母親は働いているので、E子を家にひとりでおいておくわけにはいかず、なんとか学校に行ってほしいという思いが強かった。それで担任に頼んで登校時に校門から少し離れた所で待ってもらい、そこまで母親が車でE子を送り、担任に引き渡すという方法で協力してもらっていた。

　しかしE子は、母親の車から泣いて降りられず、降りても泣きながら車を追ったり、校門を入っても担任が目を離したすきに家に帰ってしまうこともあった。

　なんとか校舎に入っても、教室には入れなかった。学校にいるほとんどの時間を子どもが5人いる障害児学級で過ごし、たまに職員室や校長室に行った。このことを、E子は「教室より楽で、そこに秘密があるのかな」と言った。

　母親はかなり精力を注いでいたので、「このままでは私がつぶれるか、先生がつぶれるかです。いつまで続けられるか」と不安を口にした。

　E子と面接したときの印象は、外見は5年生に見えないくらい幼くて可愛らしいのに、なんて大人びた、ませた子なんだろうというものだった。すなわち、かなり背伸びしているという感じだった。

　また、遊ぶことはすごく積極的で、無邪気に本当に楽しんでいるということが伝わってきたが、学校での様子と大きなギャップがあり、最初のころは自分のことや学校のことはほとんど話さなかった。

　バウムテストでE子が描いたのは、小さくて弱々しい感じの木で（図5-5）、画用紙の左上に描かれている。萎縮していて、集団での存在感が希薄なことを示しているように思われる。

　数か月後、相変わらず母親に送ってはもらっていたが、担任がいなくても校門に入れるようになった。翌月からは自分で登校し、障害児学級に寄らずに教室へ入れるようになった。

● 図5-5　バウムテスト（E子）

　E子は妹がいたこともあって，母親に十分に甘えることができなかったが，不登校になって，いろいろな人の愛情を感じることができたことが，母親からの自立を促すことになったと考えられる。

(2) 事例2（中学3年生の男子F男）
　5月の連休以後休みがちである。父，母，本児，弟の4人家族。
　現在，朝11時ごろまで寝ており，目覚ましもかけない。友だちが連絡帳を持ってきてくれても置きっぱなしの状態である。
　不登校の理由は，朝起きたときに咳が出たり鼻血が出たりすることである。それで寝たふりをし，だいぶたってから起きてくる。昼間はテレビを見たり将棋をしたりしている。
　小学校のときからスイミングスクールに通っており，中学校では水泳部に所属している。
　F男は勉強はよくできたようで，2年生までの成績は学年で10番以内であり，タイプとしては優等生の息切れ型と思われる。
　不登校のきっかけ（誘因）としては，部活に対する自信喪失であり，鼻血等

の身体症状を理由としている。しかし，根底には性格的な問題（準備因）が認められる。すなわち，内向的で人間関係が苦手であり，融通がきかない完全癖の傾向が考えられる。

　現在は逃避的であるが休息状態にあると思われるので，登校刺激によって不安定にすることは避ける必要があるだろう。

　以上のことから，本事例では母親へのカウンセリングを中心に，月2回のペースで卒業までに計20回のカウンセリングを行なった。

　したがって，母親に対するカウンセリングはかなり深まったが，そのわりにF男の動きは少なく立ち直りがみられなかった。

　結局，F男は進学も就職もしないまま卒業したので，今後は活動できる場が少なくなり，ますます家に閉じこもることが多くなるように思われる。しかし，根底に集団参加不安があるものの，学外のスポーツや趣味のサークルに少しずつ参加していたので，無理なく集団活動ができる場の確保が必要であろう。

　人とふれあいたいという気持ちをうまく引き出して，人の輪の中にいても安心できる居場所を見つけることは大切なことである。そのような場所はまだまだ少ないが，「不登校その後」の若者たちが活動できる空間が充実していくことは，何よりも望まれることである。

5節　発達障害

1 ── 学習障害

(1) 授業についていけない子ども

　授業についていけない子どもは，次の3つのタイプに分けることができる。

　①学業遅進児

　学習進度が非常に遅い子どもを学業遅進児（slow learner）といい，主として知的な遅れが原因である。また，知的障害とは，知的発達が遅れている症状をさし，一般的にはIQ70以下のことをいう（第2章参照）。

　②学業不振児

知的な遅れが特に認められないにもかかわらず、学力水準が低い子どもを学業不振児（under achiever）という。通常は知能テストと学力テストの結果の差から判定されるが、原因として個人的要因（学習意欲の低さなど）と環境的要因（家庭の教育的関心の低さなど）が考えられる。

③学習障害児

知能は正常範囲にありながら学力が劣り、かつその原因が中枢神経系の機能障害にあると推測される場合を学習障害（learning disabilities: LD）とよび、そのような子どもを学習障害児という。

以下は、学習障害について述べることにする。

(2) 学習障害の定義

学習障害とは、基本的には全般的な知的発達に遅れはないが、聞く、話す、読む、書く、計算する、または推論する能力のうち特定のものの習得と使用に著しい困難を示すさまざまな状態をさすものである。

学習障害は、その原因として、中枢神経系になんらかの機能障害があると推定されるが、視覚障害、聴覚障害、知的障害、情緒障害などの障害や、環境的な要因が直接の原因となるものではない。

以上のことは次のことを意味している。

①知能は正常範囲にあることが示唆される。
②学習障害の本質は言語能力と算数能力に限定される。
③原因は中枢神経系の機能障害と推定される。

特に①に関して、学習障害は知能に大きな遅れはないが、発達的に遅れている部分とそうでない部分がはっきりしていて、個人内差異が大きい。また②によって、集団の中での対人行動や学力といった適応行動に大きな遅れを示すのが特徴である。

(3) 名称の変遷

1960年代初めに、カーク（Kerk, S.）がこの障害について言及したが、医学的には微細脳機能障害（minimal brain dysfunction: MBD）とよばれていた。したがって、学習障害は教育的な用語であり、原因論的には微細脳機能障害と

考えられる。

しかし，微細脳機能障害と安易に診断されることが多くなり，微細脳機能障害は「診断のくずかご（waste basket）」とよばれるようになったため，現在では学習障害とよばれることが多い。

(4) 症状とタイプ

学習障害の症状は多様であり，上野（1987）は次の8点を指摘している。
- カテゴリーⅠ：活動水準の異常
- カテゴリーⅡ：転導性
- カテゴリーⅢ：協応運動のまずさ
- カテゴリーⅣ：衝動性
- カテゴリーⅤ：情緒の不安定さ
- カテゴリーⅥ：固執性
- カテゴリーⅦ：認知の障害
- カテゴリーⅧ：言語の遅れ

このような症状は固定化したものではなく，年齢により変化していくという。学習障害のタイプについても，上野は3つの純粋型と2つの混合型，計5タイプに分類している（図5-6）。そのうち純粋型3タイプは次のようなものである。

①言語性障害：初期の言葉の遅れがいろいろな形で残りやすいタイプで，学習面でも言語的理解や表出に問題を持つ。

②非言語性障害：情緒面の発達がやや遅れがちで，不器用，運動が苦手，興味に偏りが目立つ。

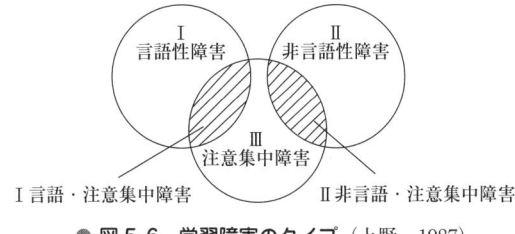

● 図5-6　学習障害のタイプ（上野，1987）

③注意集中障害：短期記憶力の弱さや，注意を持続し，集中するといったことが苦手で，多動で落ち着きがないなどの行動特徴が目立つ。

(5) 出現率

境界線級知能，軽度精神発達遅滞，高機能自閉症，注意欠陥／多動性障害など学習障害と似た症状を示すものがあり，また診断基準が違って学習障害の疑いのある子ども（LDサスペクト児）が含まれることもあるため，研究者によって出現率が異なる。

いわゆる狭義の学習障害に限定すれば，2％程度ではないかと推定される。また，男女比はおよそ4～5：1で，男子が女子に比べて多い。

(6) 学習障害児に対する指導・支援

前述したように，学習上の困難さがあり，付随的に社会性や運動においても，困難さがみられることが多い。したがって，学習障害児の特性を正しく理解することが基本である。

まず，本人に対しては，次のような支援が大切である。
・得意な面を認め，自信を持たせる。
・本人のできることから始め，少しでもできればほめて，成就感を持たせる。
・本人に目標を立てさせ，やり遂げるように支援する。
・活動に見通しを持たせ，必要に応じて手順などを確認させる。

また，周囲の環境に対する工夫や配慮として，次のことがあげられる。
・学習環境を整える：机の上や身のまわりの整理・整頓をし，座席の位置などで余分な刺激を減らす。
・周囲の友だちの理解と協力を促す：個別の支援や配慮が「特別扱い」でないことを理解させ，一人ひとりの個性や違いを認め合える学級づくりを行なう。
・家庭と協力する：保護者が子どものことを相談できる関係をつくり，家庭でのかかわり方について協力を求める。
・学校全体で支える：校内研修会などで共通理解を深め，担任を中心にして学校全体で取り組むようにする。

・専門機関などとの連携を図る：校内の協力体制だけでは指導が不十分な場合，医療機関や相談機関との連携を図る。

(7) 事例研究

中学1年生女子G子。父，母，本児，弟の4人家族。

G子との出会いは，小学4年生の秋までさかのぼる。そのときの相談内容は，集中力がなく勉強が遅れており（特に算数の学業不振が顕著である），友だち関係でトラブルになりやすい（特に給食当番での段取りが悪い）ということだった。

G子と話をしてみると，下を向いてボソボソとしゃべるし，何かすごく緊張している様子がうかがえた。自分の思っていることを人に伝えたり，行動したりすることが苦手だという感じがした。そこで，通所指導を開始することになった。

両親はG子のことを理解しているものの，母親はG子に「ちゃんとしなさい」「早く早く」と行動をせかしたり，担任に「何でもいいからほめる機会を多くしてほしい」「他の子にいじめないように注意してほしい」と焦る気持ちをぶつけるようなこともあった。

5年生になってクラス替えがあり，クラスの雰囲気が変わった。それまではクラスの友だちに受け入れられずに不満をこころにためていたのが，少しずつ溶け込めるようになった。会うたびにG子の雰囲気が変わり，少しずつ明るい顔になってきたという印象を受けるようになった。

学校が楽しくなったG子は，5年生の夏ごろから来なくなった。その後，半年ぶりに会ったG子の印象は，落ち着いた雰囲気で，精神的に一回り大きくなった感じがした。

しかし，中学1年生のときに再び来所した。同じような理由だった。

G子は周囲の理解が得にくく，「変な子」と見られているようである。母親は先々までの心配をしており，担任に相談しても頼りにならないと不満を感じている。母子ともに，小学校のときと同じような状況になりつつあるように思われた。

その時点でのG子の問題は，次のようなものである。

- スローペース：動作がのろい。忘れ物をよくする。
- 対人関係の不調：人前で緊張する。けんかをよくする。
- 学業不振：勉強がきらいで学習意欲がない。成績が悪く劣等感が強い。

小学4年生時と中学1年生時の知能検査（WISC‐R）の結果は，以下のとおりであり，そのプロフィールを示したのが図5-7である。

＜WISC‐R＞
- 小学校4年時　　VIQ 91　PIQ 82　FIQ 85
- 中学校1年時　　VIQ 92　PIQ 79　FIQ 85

この結果からは，VIQとPIQに有意差は認められないが，PIQがVIQよりも有意に低い傾向にあることがわかる。したがって，G子は動作性（非言語性）

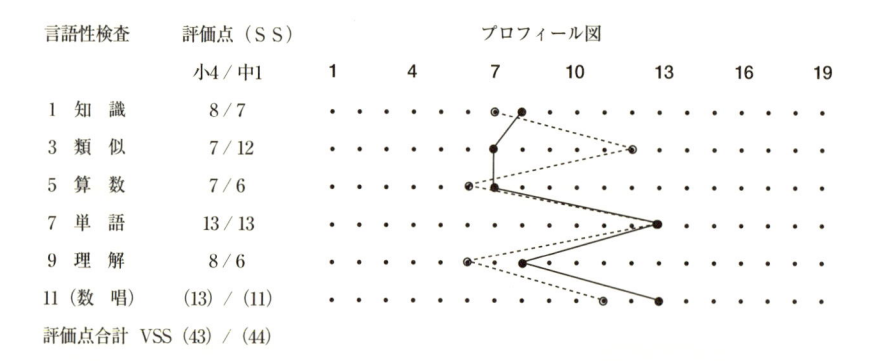

言語性検査	評価点（SS）小4／中1
1 知　識	8／7
3 類　似	7／12
5 算　数	7／6
7 単　語	13／13
9 理　解	8／6
11（数　唱）	(13)／(11)
評価点合計 VSS	(43)／(44)

動作性検査	評価点（SS）小4／中1
2 絵画完成	6／9
4 絵画配列	8／5
6 積木模様	7／6
8 組合せ	5／6
10 符　号	11／9
12（迷　路）	(12)／(15)
評価点合計 PSS	(37)／(35)

(実線：小4時　波線：中1時)

● 図5-7　G子のWISC-Rのプロフィール図

LDであると思われる。

もちろん，小学4年生のときからそのことが疑われ指導が行なわれたが，今後も学習障害に対する指導・支援が必要である。

中学生になって，自我が育ち自己主張ができるようになったぶん，意思疎通が図れるようになっている。また，好きなこと（マンガや絵を描くこと）には集中することができる。しかし，数学が苦手なことは相変わらずだという。

2 ── 高機能自閉症・アスペルガー症候群

(1) 高機能自閉症の基本症状・随伴症状

高機能自閉症は，広汎性発達障害・自閉症スペクトラムの1つであり，以下の3つ組の障害であると言われる。

①社会性の障害：視線が合いにくい，マイペースでまわりからの介入を嫌がる，人とのかかわりが一方的である，他人と楽しみを共感して共有することが難しい，等々。

②コミュニケーションの障害：多弁なわりに助詞や受動文などの理解と使用が難しい，自分の気持ちをうまく表現できない，ひとり言が多い，話題と無関係なことを言う，等々。

③こだわり（想像性の障害）：同じであることへのこだわりがある，対象の細部へのこだわりがある，何度も確認しないと気がすまない，特別な興味をもったりする，等々。

また，随伴症状として次のことがあげられる。

①感覚異常：聴覚・視覚・触覚・味覚・臭覚が過敏である。たとえば，聴覚に関しては，フィルターがかからない喧騒の中にいるようなものである。また，禁止の言葉が引き金になって，昔起こった嫌なことを突然思い出してパニックになってしまうことがあるが，これをタイムスリップ現象という。

②運動の不器用さ：走り方もぎこちなく，ボール遊びが苦手，箸の使い方がへたで字がじょうずに書けない。

③多動・チック：幼稚園のころは非常に多動でADHDと間違われやすいこともある。また，チックの症状を示す子どももいる。

(2) アスペルガー症候群

アスペルガー症候群の概念は，1944年にオーストリアの小児科医ハンス・アスペルガーが，「自閉的精神病質」という論文を出したことに由来する。同時期の1943年に，アメリカのレオ・カナーが「早期幼児自閉症」という概念を発表した。

当時は，英米の影響が強まったこともあり，英語で発表されたカナーの論文が注目され，ドイツ語で発表されたアスペルガーの論文は注目されなかった。

ところが，1981年にイギリスの児童精神科医ローナ・ウイング（Wing, L.）が，自閉症とは言いがたいが自閉症的な子どもがたくさんいることを発見し，アスペルガーの業績を紹介して，「アスペルガー症候群」と名づけたのである。

高機能自閉症とアスペルガー症候群が，同一の疾患であるのか違うのかということは，研究者の中でも意見が分かれている。強いて言うならば，高機能自閉症のほうが自閉症的な面が強いので認識しやすいといえるが，両者は同じような症状を示すものであることは間違いない。

いずれにせよ，アスペルガー症候群は知能が一番高い自閉症であり，言語発達の遅れが少ないのが特徴である。

(3) 出現率

自閉症は1,000人に1～2人の割合でみられ，そのうちの75%は知的障害を伴う低機能自閉症とされ，残りが高機能自閉症・アスペルガー症候群と考えられる。

男女比は3～5：1で，圧倒的に男子に多い。

(4) こころの理論

高機能自閉症で先に述べた3つ組より，もっと根底にあるような障害と考えられているのが，「こころの理論」の障害である。こころの理論とは，他人が何を考えているかを把握する認知能力のことである。高機能自閉症の子どもは，人の気持ち，相手の考えをくみ取るこころの理論の発達が遅れていると考えられる。

(5) 診断と指導

　診断は，DSM‐Ⅳ（1994年）によるアスペルガー障害の診断基準の各項目にあてはまるかどうかを観察によって行なう。また，診断に使う検査として，WISC‐Ⅲやグッドイナフ人物画知能検査があげられる。

　脳の直接的な画像検査も行なわれ，MRI検査，PET検査，f‐MRI検査などがある。

　ところで，診断基準ではアスペルガー症候群と学習障害（LD）は合併するが，アスペルガー症候群と注意欠陥／多動性障害（ADHD）は合併しないことになっている。したがって，ADHDのような症状があってもアスペルガー症候群を優先する。

　指導のポイントは以下のとおり，ソーシャルスキルトレーニング（social skills training: SST）が基本である。

①社会性の障害に対して：具体的な役割を与える，友だちをつくってその行動を模倣させる，敬語などの言葉遣いを教える，人の気持ちについて考えさせる練習をする，等々。

②コミュニケーション障害に対して：視覚的な手がかりで補う，基本的な会話のスキル（返事のしかたなど）を教える，比喩的な表現・抽象的な表現・曖昧な表現を避ける，等々。

③こだわりに対して：環境の構造化（たとえば，前もって手順や予定を知らせるといった時間的構造化）によって安心感を与える，興味のあることや得意分野を活動に組み入れる，過剰なストレスを与えない，ものごとにこだわらない，等々。

④その他：感覚統合訓練，薬物療法が有効な場合もある。

(6) 事例研究

　中学校2年生男子H男。父，母，本児，妹，父方祖母の5人家族。

　小学生のときからおもちゃなどを万引きし，祖母のお金を持ち出してゲームソフトなどを買い，家の中や周辺に隠した。

　注意しても何度も同じことをくり返すので，困り果てた両親は病院の精神科でH男を診てもらった。その結果，「アスペルガー障害＋盗癖」と診断され，

定期的に通院することになった。

　中学生になって自己統制力がついてきたので，落ち着きや集中力はましになっているが，盗癖の状態は変わっていない。むしろ，学校の図書館の本（同じ歴史の本）を何度も無断で持ち帰ったり，落とし物箱の中からシャープペンシルや芯のケースなど気に入ったものを持ち帰るようになっている。

　そのため，家で指導することは困難ということで，両親は施設入所を訴えるにいたったのである。

　＜ WISC - Ⅲ ＞
　・言語性 IQ 86　動作性 IQ 111　全検査 IQ 98
　・言語理解：86　知覚統合：124　注意記憶：82　処理速度：75

　全体的な知的レベルは IQ98 で普通知能を有する。しかし，言語性 IQ と動作性 IQ の差が大きく，全体的にみると動作性知能が優位である。ただし，動作性検査の下位検査においても優劣がはっきりしている。

　特に H 男は中学生になって女子生徒にばかにされて手を出すような行動が時どきみられるようになってから，自分より弱い者（妹や女子生徒）には強い態度に出て，攻撃的になることもあった。

　児童相談所で一時保護されたときも職員への対応に違いがあり，男性職員の声かけにはすぐに従うが，女性職員に対しては反抗することがあった。

　H 男の攻撃性の根底には，被害感情があったと思われる。たとえば，小学校時代のいじめにまつわるエピソードをいくつか感情的に話すなどしたが，そういったストレスからの逃避が盗癖の一因になったと考えられる。

　親や教師から再三注意されていることもあり，H 男の盗癖への自覚は高く，善悪の判断もあり，治したいという思いは強かった。それは，盗癖をなくして家族に信用され，友だちを増やしたいことを最も望んでいたからである。

　しかし，障害があるため，内省や洞察が難しく，さらに自分の興味への固執の強さや，欲しいものを手に入れたいという衝動を抑制する力の弱さが，盗癖の改善への妨げになっていた。

　H 男の表情は，無表情というより陰鬱であり，学校でも家庭でも喜びや楽しみが共有できていないと思われる。特に家庭においては，親が盗癖や障害に対して意識過剰になっており，H 男の生活を統制したり行動を監視したりしてい

る状況だった。

したがって，親と一緒に遊んだりすることもないようで，H男にとって家庭は楽しく居心地のよい場所になっていなかった。また，親が熱心にかかわればかかわるだけ悪循環に陥り，疲れ果てている様子がうかがえた。

このパターン化した親子関係を改善するためには，環境を変えるしかなかった。そこで，自由な時間があり，人間関係を再学習することの可能な施設として，情緒障害児短期治療施設への入所が検討され，そこへなんとか入所することができたのである。

注：本節で述べた学習障害，高機能自閉症・アスペルガー症候群および注意欠陥／多動性障害（第2章参照）等の軽度発達障害の子どもは，特別支援教育の対象である。特別支援教育は，支援を必要としている子に対して，個別支援計画を策定し，発達の援助を考えていく取り組みである。

6節　精神障害

1 ── 神経症

(1) 対人恐怖症

笠原（1977）によると，対人恐怖症とは他人と同席する場面で，不当に強い不安と精神的緊張が生じ，そのため他人に不快な感じを与えるのではないか，いやがられるのではないかと案じ，対人関係からできるだけ身を退こうとする神経症の一型である。青年前期に好発しやすく，年齢が近い同輩の関係で生じ，しかも少し知っているという人に対して生じやすいという特徴がある。

対人恐怖症には赤面恐怖，自己臭恐怖などがあり，羞恥から妄想までさまざまな症状がみられる。

(2) 強迫神経症

強迫神経症は，強迫観念や強迫行為を主症状とする。強迫観念というのは，

不安を伴った欲求や考えが頭にこびりついて迫ってくるのを抑えきれないことをいう。現在は強迫性障害とよばれている。

代表的な症状としては，自分がきたないものをさわるのではないか，細菌に感染するのではないか，などという強迫観念から，公衆電話の受話器や電車のつり革など特定のものにさわることができなくなる。また，手がばい菌などに汚染されていると感じて，何度も手を洗わずにはいられない「洗浄強迫」がみられる。

2 ── 境界例

境界例は，当初は抑うつ神経症といった神経症の治療の中で，分裂病的な諸症状が現われる症例に対して，潜伏性分裂病という見方がなされていた。それは，神経症，分裂病いずれかに向かう一過性の症状，過渡期的な状態として考えられていた。しかし，移行せず慢性的にその状態にとどまる人たちの存在によって，臨床単位としてとらえられるようになった。

具体的な症状としては，見捨てられ不安，恐怖，強迫，ヒステリーなどであり，不安や衝動のコントロールができないため，暴力，家出，非行，薬物乱用，自傷などをくり返す。

3 ── 統合失調症

統合失調症は青年期に多く発病し，30歳までにおよそ70%が発病するとされている。この病名はかつて精神分裂病と言われ，ブロイラー（Bleuler, E.）によって提唱された概念であるが，その範囲は今日でも研究者によってかなりの相違が認められる。

統合失調症は，自分の思考や行動を統合する機能が，不調をきたしている状態であると解釈される。したがって，一般に行動が不自然で，奇妙な衝動的行為に出たり，感情的硬さや表情のなさが顕著に認められ，独語や独笑もみられる。

また，非社交的・内閉的で，他人との間に溝があり，現実との接触が失われているところに特徴がある。他人が了解不能な妄想や幻覚が認められる場合もある。

4 ── 躁うつ病

　躁うつ病は，ドイツの精神病理学者クレペリン（Kraepelin, E.）によって，統合失調症とともに2大精神病の1つとして位置づけられている。躁うつ病は，高揚した気分の躁状態と，意欲が低下し抑うつ的な気分のうつ状態との周期的な変動をくり返すが，人格それ自体は荒廃せず維持されている精神病である。

　今日のようにストレスフルな現代社会では，単発性や周期性のうつ病のケースがきわめて多いと思われる。

　うつ病の具体的な臨床像として，次のような症状が表出しやすい。
- ささいな出来事に対しても悲観的で，無気力でおっくうになる。
- 朝方は気分がすぐれず，夕方になるとやや良くなるといった日内変動がみられる。
- 楽しいことにも反応せず，ため息をついたり涙を浮かべることが多い。
- 話しかけてもあまり話したがらない。
- 思考力や理解力，記憶力，判断力が低下し，強い劣等感を抱きやすい。
- 全身の倦怠感や不調感，不眠，食欲不振，便秘，体重の減少，胃腸の障害に陥る。
- 自殺観念や自殺企画，重い病気にかかったと信じ込むような心気妄想が生じることがある。

　うつ病は統合失調症と比較して，現実との接触が維持されており，他人とも応対でき，周囲の状況にも反応することができる。また，神経症と比較してみても，顕著な違いが認められ，神経症は周期性や日内変動がなく，自己中心的な傾向が強い。

　うつ病の病前性格として，執着性格やメランコリー型が知られている。このうちメランコリー型は，うつ病をくり返すタイプの人で，正確さや綿密さ，秩序を重んじ，常にそれと一体化しようとする律儀で几帳面な性格傾向にある。このような実直な考え方や生き方になんらかの危機が生じたときに，うつ病の発現する可能性が高まると考えられる。

5 ── 事例研究

　I子は，中学3年生の1学期ごろに，クラスの誰かが自分のことを「グス」と言うと訴えた。担任は，クラス全員で2度話し合いをさせたが，誰も言ったことがないということだった。しかしI子は，確かに自分のことを「グス」と言っていると，ずっと気にしていた。

　夏休みに，誰かがクラスの子にいたずら電話をかける事件があった。2学期になって，ひょっとするとI子がしているのではないかということになり，皆で問い詰めたところ認めたので，皆は怒ってI子を責めた。

　すると，I子は教室から飛び出し，家に帰って手首を切った。幸い，6針縫う程度で，糸がとれるまで家庭で休養させることになった。

　10日ほど休んだので，担任は家庭訪問のときに，そろそろ学校へ出てくるようにI子に誘いかけた。担任と話しているときも，I子は「グス」と聞こえると言ったりするが，外で小学生が遊んでいただけで，担任には何も聞こえなかった。

　これはI子の中学生のときのエピソードである。中学を卒業してからI子は，「人とうまくやれないため就職しても長続きしないし，家にも居づらいし，このままでは自分はダメになってしまう。自分をしっかりさせたいので，教護院へ行けるようにしてほしい」という相談で来所したのだった。結果的に，両親が反対したので，施設入所は実現しなかった。

　それから数年たったある日，ひとりの精神科医が訪ねてきた。I子の話から，I子の以前のことを聞きたいということだった。その医師から，次のようなことを知ることができた。

　前述したように，I子は中学時代に幻聴体験があったが，17歳ごろに自然になくなったという。20歳のときに，自宅に放火し，未決拘留で300日拘置所に入っていた。家族に対する恨みをはらすためだったようで，精神鑑定を受けて，懲役2年，執行猶予3年の判決だった。そして，執行猶予中の22歳のときに，再び放火事件を起こした。路上にあったバイクのカバーに火をつけて，2日後に自首したのだった。

　拘置所内でも空笑，独語があり，分裂病（統合失調症）が疑われ，釈放後に

この医師の診察を数回受けて，潜在分裂病（統合失調症）と診断された。それで今回，精神鑑定を依頼されたという。

Ｉ子はアパートでひとり暮らしをしていて，生活費は父親が出していた。今回の動機は，生活不安から刑務所志願があり，アパートの管理人とうまくいかないのでアパートを出たいということもあった。つまり，拘禁願望や被害妄想が根底にあるようだった。

第6章

心理検査と心理療法

1節 心理検査

小学生・中学生を理解するために使われるものとして、以下のものがあげられる。

1 ── 知能検査

第3章でビネー式知能検査について説明したので、ここではウェクスラー式知能検査を取り上げる。

アメリカのウェクスラー（Wechsler, D.）は、知能の内容を分析的に測定する診断式の知能検査を作成したが、これがウェクスラー・ベルヴュー知能検査である。

この検査の特徴は、全検査IQだけでなく、言語性IQと動作性IQがおのおの測定され、各下位検査の結果もプロフィールに表示されて、診断的に利用できることである。

その後、適用年齢別の検査が作成され、1946年に児童用知能検査（WISC）、1955年に成人用知能検査（WAIS）、1966年に幼児用知能検査（WPPSI）、1974年に改定版児童用知能検査（WISC‐R）、さらに1998年に第三版児童用知能検査（WISC‐Ⅲ）が作成されている。

WISC‐Ⅲは、13の下位検査から構成されているが、そのうち12の下位検査はWISC‐Rから引き継がれたものであり、新たに「記号探し」という下位検査が加えられている。

● 表6-1　4種類の群（因子）とそれに属する下位検査（因子分析による）

第1因子 言語理解	第2因子 知覚統合	第3因子 注意記憶	第4因子 処理速度
知識	絵画完成	算数	符号
類似	絵画配列	数唱	記号探し
単語	積木模様		
理解	組合せ		

WISC-Ⅲでは，全検査IQ，言語性IQ，動作性IQという3種類のIQだけでなく，4種類の群指数を得ることができ（この場合には，「迷路」を除く12の下位検査を実施する必要がある），表6-1は因子分析によって特定された4種類の群（因子）とそれに属する下位検査を示したものである。

2── 性格検査

(1) 質問紙法

① Y-G 性格検査

ギルフォード（Guilford, J. P.）らにより考案されたものに基づいて，矢田部達郎により標準化が進められ，12の性格特性についてそれぞれ10の質問項目からなる性格検査として完成された。

この検査の特色は，12の性格特性についてのプロフィールを作成し，情緒安定性，社会適応性，向性による5つの基本類型を基準に分類していくことである。

図6-1に見られるように実線のプロフィールは左下がり型で，情緒不安定，内向的，消極的な性格を示す。これに対して，破線のプロフィールは右下がり型で，情緒安定，活動的で，社会適応性がある。

②エゴグラム

アメリカの精神科医エリック・バーン（Berne, E.）によって創設されたのが交流分析であるが，これは心理療法の1つで自己分析が基本であり，自分の対人関係においていつもとるパターンについて考えるものである。

交流分析では，人には内部に親の部分（parent: P），大人の部分（adult: A），

1節　心理検査

情緒的安定	抑うつ性小	D	①	2	3	4	⑤	D	抑うつ性大	情緒不安定
	気分の変化小	C	1	②	③	4	5	C	気分の変化大	
	劣等感小	I	1	②	3	④	5	I	劣等感大	
	神経質でない	N	①	2	3	4	⑤	N	神経質	
社会的適応	客観的	O	1	②	3	4	⑤	O	主観的	社会的不適応
	協調的	Co	1	2	③	④	5	Co	非協調的	
非活動的	攻撃的でない	Ag	1	②	3	4	⑤	Ag	攻撃的	活動的
非衝動的	非活動的	G	1	2	3	④	5	G	活動的	衝動的
内省的	のんきでない	R	1	2	③	4	5	R	のんき	
	思考の内向	T	5	4	③	②	1	T	思考の外向	内省的でない
非主導的	服従的	A	5	4	③	2	①	A	支配性大	主導権をにぎる
	社会的内向	S	5	④	3	2	①	S	社会的外向	

● 図 6-1　矢田部-ギルフォード性格検査のプロフィール例

子どもの部分（child: C）の3つの部分があるとしている。エゴグラムは，自分のP・A・Cの姿をよりはっきりと知るために，これを数量化して自己分析図を描いたものである。自我状態のはたらきを調べる機能分析を質問紙法の心理テストとしたものが，東大式エゴグラム（TEG）である。

自我状態の細分は，以下のとおりである。

・批判的な親（critical parent: CP）
　理想，良心，責任，批判などの価値判断や倫理観など父親的なきびしい部分。創造性を押さえ懲罰的できびしい面が多いが，社会秩序の維持能力や理想追求など肯定的な面も持っている。

・養育的な親（nurturing parent: NP）
　共感，思いやり，保護，受容など子どもの成長を促進するような母親的な部分。他人に対して受容的で，親身になって世話をし，同情的で愛情が深い。

・大人の自我状態（adult: A）
　事実に基づいてものごとを判断しようとする部分。事実を客観視し，あらゆる角度から情報を収集して，それらをもとに冷静に計算し推定して意思決定を行なう。

・自由な子ども（free child: FC）

親の影響をまったく受けていない生まれながらの部分。快感を求めて天真爛漫にふるまい，直感的な感覚や創造性の源で，豊かな表現力は周囲に明るさを与える。
・順応した子ども（adapted child: AC）
親たちの期待に沿うように，常に周囲に気兼ねをし自由な感情を抑える「いい子」。消極的で控えめで周囲に従順な部分と，恐れ，不安，憂鬱などの不快な感情がもとで現われる攻撃的で反抗的な示威的部分がある。

以上によって，自分の自我状態のどのような部分を使いやすく，どのような部分を使っていないかを知ることで，自分の性格特性，行動パターンの特徴や，人間関係でどのような交流パターンを取りやすいかを理解することができる。

(2) 投影法
①文章完成テスト（SCT）
「私はよく……」「家の人は……」といった不完全な文章を完成させることによって，その人の持つ考え，問題を探ろうとするものである。

このテストの特徴としては，実施が容易であり，他テストとのバッテリー検査として有効であることがあげられるが，さらに重要なのは，①個人の全体像，すなわちトータル・パーソナリティの把握ができること，②被検査者の自主的表現や筆跡などを通じて生の印象が得られることである。

①に関して，文章完成テストは環境，身体，能力，性格，指向という5つの側面からトータルな人間像を把握できるように考えられている。また，②についてはスコアリング（得点化）を行なわないが，文章完成テストがパーソナリティを評価したり判断したりするものではなく，パーソナリティを把握するための情報を得る道具だからである。

したがって，文章完成テストを用いてパーソナリティを理解するためには，それに表わされた情報から，生きたパーソナリティを再現し，客観的に判断する能力が必要とされる。

②バウムテスト
コッホ（Koch, K.）が1949年にバウムテストに関する最初の著書をドイツ語で著し，1961年に日本に導入されている。

一般的には,「実のなる木を1本描いてください」と教示するが,2枚実施法や枠づけ法などがある。

図6-2は,愛原(1987)が木のどの部分にどのような意味があるかを示したものである。

まず,「地面」は,その人が拠って立つ精神的・肉体的基盤を意味する。したがって,地面が描かれるかどうかで,身近な人たちとの人間関係がどうなっているかを知ることができる。木の根元にある「基部」には,その人の持っている生命力の大きさ,エネルギーが表われる。

次に,「幹」の部分には,その人が本来持っている生命力の強弱が表現される。また,その人の基本的な性格を知ることもできる。「幹」が基本的な性格を表わすのに対して,「枝」や「葉」はそれらの性格が現実の中でどのような表われ方をするかを知る手がかりになる。

「枝」は,情緒や知性の発達に伴って成長し,枝が細かく分化しているほど情緒や知性が発達し,分析力や統合力,さらに人とのかかわり方も優れている

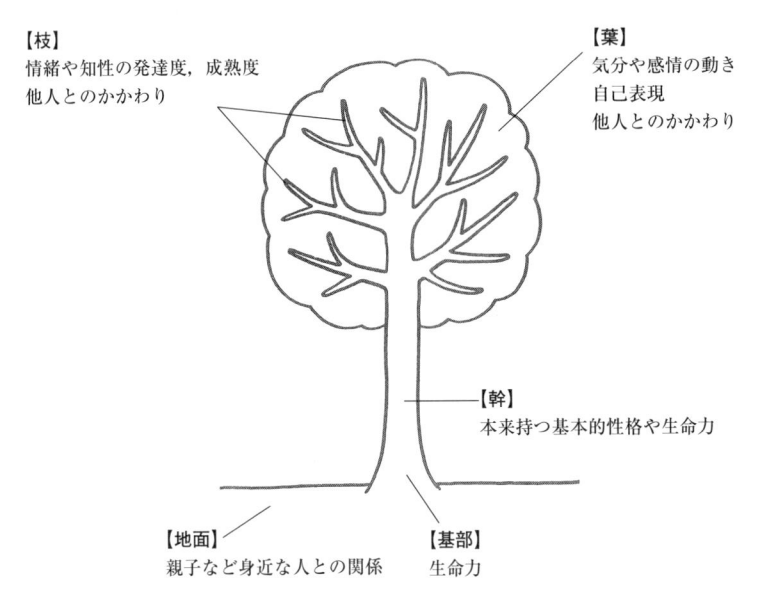

【枝】
情緒や知性の発達度,成熟度
他人とのかかわり

【葉】
気分や感情の動き
自己表現
他人とのかかわり

【幹】
本来持つ基本的性格や生命力

【地面】
親子など身近な人との関係

【基部】
生命力

● 図6-2　木のどの部分にどう表われるか (愛原,1987)

といえる。その枝を飾る「葉」は，自分をどう見せるかという具体的な表現方法と言えるもので，そのときの気分や感情の動きが表現される。

③ロールシャッハ・テスト

スイスの精神科医ロールシャッハ（Rorschach, H.）の作成した左右対称のインクブロットによる図版10枚（半数は色彩混じり図版）を一定の順序で呈示し，何に見えるかを問うものである。

それらは個人によって「何に見えるか」が違い，その反応についての統計的基準に基づく専門的な形式分析と，より詳細な内容分析を通じて，その個人のパーソナリティを把握することができる。

その他には，絵画統覚検査（TAT）やP-Fスタデイ（第3章参照）等がある。

2節　心理療法

幼児から中学生まで，よく使われる心理療法の概略を述べるが，この他にもコラージュ療法，ナラティブ療法，家族療法など多くの心理療法が存在する。

1 ── カウンセリング

カウンセリングは，カウンセラーとクライエントの間で，主として言葉を媒介とした心理的相互作用により，クライエントのパーソナリティの変容，発達を促進する営みである。

カウンセリングの主要な立場としては，指示的カウンセリング，来談者中心カウンセリング，行動カウンセリングなどがあるが，ここでは来談者中心カウンセリングを取り上げる。

これはロジャーズ（Rogers, C. R.）によって提唱されたもので，クライエントに解釈や指示を行なわないことを強調するために，最初は非指示的カウンセリングと命名した。

その後，クライエントの潜在的な成長への能力を信頼，重視するという意味から，来談者（クライエント）中心カウンセリングと改められた。

したがって，ロジャーズの人間観は，人は自分を理解し，統合し，成長や自

立性を達成し，適応していく能力や傾向を持っているというものであり，カウンセラーに求められる基本的態度は，純粋性，無条件の積極的尊重，共感的理解である。

まず純粋性というのは，カウンセラーが純粋で偽りのない姿で関係の中に居るということである。これは，ある瞬間に体験している事柄が意識の中に存在し，この意識の中に存在している事柄がコミュニケーションの中に存在し，これら3つの水準，すなわち体験（過程）－意識（化）－コミュニケーションのそれぞれが一致していることを示す。要するに，防衛的態度をとらず，カウンセラー自身の感情とその表現が一致，統合しているということである。

無条件の積極的尊重とは，カウンセラーがクライエントをあたたかく受容すべきことを強調しているのであり，カウンセラーがクライエントの感情や行動を非難することなく，非審判的な態度で接することの重要性を示唆したものであると言えよう。

共感的理解の共感とは，対人関係において相手の気持ちや感情を相手の立場に立って感じることであり，他人がどのような枠組みでもって何を感じているかを正しく認識することを言う。すなわち，日ごろは自分自身の内的準拠枠に基づいて他者を認知しているが，共感的理解においては，相手の内的準拠枠に基づいて理解することが求められる。

以上のようなカウンセラーの基本的態度は，第2章で述べた教育相談においても必要とされるものである。

2 ── 遊戯療法

遊戯療法は，言葉でのやりとりが十分にできない幼児や小学生に対して，遊びや遊具を介して子どもに自己表現を促したり，治療者との相互的な感情交流や意思疎通を図るところから始まる。そして，子どもの内面にある欲求や感情を理解し，問題解決に向けて援助する。

歴史的には，精神分析家アンナ・フロイト（Freud, A.），クライン（Klein, M.）らによって児童分析の領域に適用された。フロイトが子どもの超自我を強化するために教育的アプローチを加えることを主張したのに対して，クラインは大人の精神分析で行なわれる自由連想の解釈と同様に，遊びの解釈を言語的に行

なう必要性を主張した。

その後，来談者（クライエント）中心療法ではアクスライン（Axline, V. M.）の子ども中心遊戯療法があり，受容を中心にした遊戯療法が提唱されている。

アクスラインは治療原則として以下の8つを設けている。

①子どもと友好的な関係をつくる。
②あるがままの子どもを受容する。
③子どもとの関係で許容的感情をつくる。
④子どもの感情を治療者が返してやることで洞察の手助けとする。
⑤子どもの自己治癒力を信じる。
⑥治療者は指示を与えない。
⑦治療を急がない。
⑧治療と現実世界とを関係づけ，子どもに治療関係での責任を持たせるために必要な制限を与える。

子どもは親から離れて，各種の遊具や砂場，水道などが設置されている図6-3のようなプレイルームで，治療者と自由に遊んだり，しゃべったりする。

また，遊戯療法と並行して親に対しても面接が行なわれ，親子関係の調整が

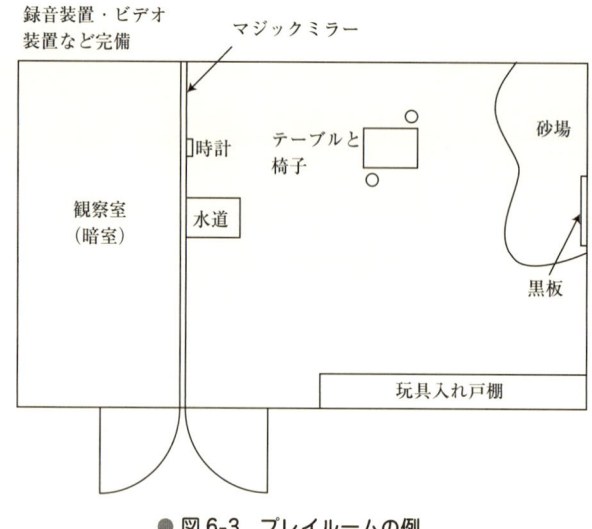

● 図6-3　プレイルームの例

行なわれたりするが，家族療法のように親も遊戯場面に参加させる方法も考えられる。

3 ── 箱庭療法

箱庭療法は，ローエンフェルト（Lowenfeld, M.）によって創始され，カルフ（Kalff, D. M.）が発展させ，1965年に河合隼雄により日本に導入されている。

図6-4のような内側が青く塗られた砂箱（縦57cm×横72cm×深さ7cm）の中に，ミニチュアの人形や動物を置いて箱庭を制作する。

箱庭制作における治療的要因として，砂と箱は重要な意味を持つ。まず，箱庭療法における1つの特徴は，砂という動的な素材を使用することである。砂は掘り下げたり，積み上げたり，ものを埋めたりして，さまざまな使い方ができる可塑性に富んだ素材である。

砂をかき混ぜたり，すくい上げたりしたときのさらさら，ひんやりした感触はこころの防衛を解き，クライエントをリラックスさせる。これが「治療的に意味のある適度な心理的退行」であり，クライエントは緊張がほぐれ，自己の内面の世界を表出するようになる。

● 図6-4 箱庭療法の砂箱

次に，プレイルームや面接室自体が1つの枠であり，箱はその空間の中にあるもう1つの枠である。この枠はクライエントにとって「自由にして保護された空間」である。枠を与えられることによって内的な無意識的なものを表出するようになることが，絵画療法などで知られている。すなわち，枠づけされて守られた空間では，枠のない世界では出せないような自己の深層のエネルギーやイメージを呼び起こしやすいと思われる。

箱庭療法において最も大切なことは，治療者とクライエントとの関係であり，クライエントの自己治癒力を尊重することである。したがって，箱庭理解の観点として次のことがあげられ，治療者はそれに共感していくことになる。

(1) 統合性

全体として受ける感じ，印象である。寂しく動きのない世界もあれば，にぎやかでダイナミックな印象の世界もある。治療のプロセスの中で，分離，粗雑，貧困，機械的，固定的な要素の多い世界が，全体の感じとしていかにまとまり，より高い統合へと進んでいくのかに注目する必要がある。

(2) 空間配置

箱庭の解釈において，その箱のスペースをどのように使ったかについての視点も重要である。箱庭の左側は内的世界，無意識的な内容，箱庭の右側は意識や現実を表現することが多いとされる。このような空間配置の変化を追うことによって，クライエントの変化の過程を知る手がかりとなる。

(3) 主　題（テーマ）

継続していくつかの箱庭が作られた場合に，その連続性の中で浮かび上がってくるものである。たとえば，混沌とした世界から核となるようなものが生じ，それがその人の自己像として成長，発展していくもの，戦いがくり返されて，その人のエネルギーの開放，統合がテーマになるもの，その他に「死と再生」「渡河」「出立」などといったさまざまなテーマが箱庭の世界に展開される。

(4) 象　徴

　箱庭作品に使われている種々の事物の分析的な意味を何かの象徴として解釈する場合もある。たとえば，海を女性や母性のシンボルとみることである。ユングは象徴を「無意識の重要な1断片の表現」と考えている。

　以上のことは，系列的に理解することが望まれ，とりわけ治療者の感受性の豊かさが必要である。

4 ── 行動療法

　行動療法は，行動主義の理論である古典的条件づけ，オペラント条件づけ，観察学習の理論に基づいている。人の不適応行動は，不適切な学習により獲得されたか，あるいは適切な学習がまだ形成されていないか，もしくは学習の際になんらかの刺激が影響を及ぼしたためと考える。したがって，不適応行動の解決も学習理論に基づくことが効果的ということになる。

　客観性や実証性を重視する立場なので，治療目標を具体的行動レベルで設定し，目標達成に効果的な技法によって，治療を開始する。

　古典的条件づけの理論に基づいた系統的脱感作法は，ウォルピ（Wolpe, J.）により考案されたものである。これは，不安刺激を最初少し与え，その後段階的に少しずつ刺激量を増やす脱感作の原理と，不安や恐怖などが生起する条件下で，不安や恐怖と相容れない反応を生起させるように訓練すると，不安や恐怖が制止されるという逆制止の原理を組み合わせたものである。

　たとえば，不登校児童の治療について考えると，まず不安場面で子どもがほとんど不安を感じない場面（たとえば，母親と一緒にいる）から最大の不安を感じる場面（たとえば，教室で授業を受ける）まで10段階ぐらいに分けて序列をつける。

　次に，自立訓練法などによって子どもを弛緩状態に導く。弛緩状態が得られると，最も不安の少ない場面をイメージさせる。そのときにまったく不安を感じないようであれば，2番目の不安場面をイメージさせる。このようにして最小の不安場面から始めて，最大の不安場面までを漸進的に弛緩と結合させることによって不安を制止するのである。

第6章 心理検査と心理療法

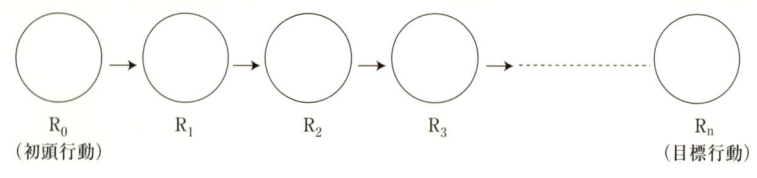

R_0 (初頭行動) → R_1 → R_2 → R_3 → …… → R_n (目標行動)

● 図6-5　継時近接法模式図

　現実脱感作法は，系統的脱感作法の一種であるが，不安場面をイメージで呈示するのではなく，現実場面の刺激に対して弛緩反応を拮抗させて不安を制止する技法である。

　たとえば，日曜日の午後に治療者は子どもを連れて家から学校まで歩くが，そのときユーモアなどで子どもの不安を和らげる。場面の刺激呈示に対して快適な気分であったなら，翌日は朝から子どもは治療者とともに家から学校まで行き，周辺を散歩してから帰宅する。そのときも楽しかった経験のイメージを学校場面と連合させるなどして，子どもを励まし不安を減少させるように導くのである。

　継時近接法では，図6-5に示されたように学校場面への不安を伴わない正常な登校を究極の目標行動（R_n）とし，不登校状態の行動（R_0）との間にスモール・ステップで継続的な行動段階（R_1・R_2・R_3……）を設定する。これらの段階では，課題が子どもに与えられ，子どもはこの課題を遂行することを要求される。たとえば，以下のように課題設定する。

①登校の前夜に時間割をそろえる。
②当日，登校の身仕度をする。
③カバンを持って玄関を出る。
④校門まで行く。
⑤教室に入る。
⑥教室で勉強する。

　課題①が遂行できたらお菓子などの物質的報酬，あるいは賞賛，承認などの社会的報酬を与えて，次のステップに進むのである。ただし，原則として直接の課題の付与と遂行の促進は母親が行なう。

文 献

【第1章】

Bowlby, J. 1969 *Attachment and Loss. Vol.1. Attachment.* New York : Basic books. 黒田実郎・大場 蓁・岡田洋子（訳）1976 母子関係の理論Ⅰ―愛着行動― 岩崎学術出版社

Bridges, K. M. B. 1932 Emotional development in early infancy. *Child Development*, **3**, 324-341.

Davidson, H. P. 1935 A study of the confusing letter B.D.P. and Q.J. genet. *Psychol*, **47**, 458-468.

Fantz, R. L. 1961 The origin of form perception. *Scientific American*, **204**, 66-72.

Gibson, E. J. & Walk, P. D. 1960 The visual cliff. *Scientific American*, **202**, 64-71.

Green, E. H. 1933 Group play and quarreling among preschool children. *Child Dvelopment*, **4**.

Halverson, H. M. 1931 An experimental study of prehension in infants. *Genetic Psychological Monograph*, **10**, 107-236.

Harlow, H. F. 1959 Love in infant monkeys. *Scientific American*, **200**, 68-74.

Harlow, H. R. & Zimmermann, R. R. 1959 Affectional responses in the infant monkey. *Science*, **130**（3373）, 421-432.

波多野完治 1964 ピアジェの児童心理学 国土社

波多野完治（編）1965 ピアジェの発達心理学 国土社

Havighurst, R. J. 1953 *Human Development and Education.* New York : Longmans, Green. 荘司雅子（訳）1958 人間の発達課題と教育 牧書店

平井信義 1975 学校ぎらい 日新報道出版部

平山 論・鈴木隆男（編）1993 発達心理学の基礎Ⅰ ライフサイクル ミネルヴァ書房

Hurlock, E. B. 1964 *Child Developemt.* New York : McGraw-Hill. 小林芳郎・相田貞夫・加賀秀夫（訳）1971 児童の発達心理学（上） 誠信書房

井上健治 1979 子どもの発達と環境 東京大学出版会

Jensen, A. R. 1969 How much can we boost IQ and scholastic achievement. *Harvard Educational Review*, **39**, 1-123.

勝井 晃 1959 図形知覚における発達曲線の比較考察Ⅱ―図形の特質と知能の分析― 心理学研究, **30**, 264-269.

川端啓之・杉野欽吾・後藤晶子・余部千津子・萱村俊哉 1995 ライフサイクルからみた発達臨床心理学 ナカニシヤ出版

久保良英 1922 児童研究所紀要Ⅴ

Luxenburger, H. 1943 Kurzer Abriss der psychiatrichen Erblehre und Erbgesundheit-spflege. In E. Bleuler（Ed.）, *Lehrbuch der Psychiatrie.* Berlin : Springer.

Markey, F. 1935 Imaginative behavior of preschool children. *Child Development Monograph*, **18**.

Mussen, P. H., Conger, J. J., & Kagsn, J. 1963 *Child Development and Personality*. New York : Harper & Row. 三宅和夫（訳）1968 発達心理学 I 誠信書房

中西信男 1960 幼児期反抗について 小児の精神と神経, **1**. 1.

成田錠一・飯田良治（編著）1981 新・乳幼児心理学演習 学苑社

西本 修 1964 基本的習慣の自立の標準についての再検討 保育学年報

大久保 愛 1967 幼児言語の発達 東京堂出版

Parten, M. 1943 Social behavior of preschool children. In R. G. Baker et al.（Eds.）,*Child Behavior and Development*. New York : McGraw-Hill.

Piaget, J. 1924 *Le Jugement et le Raisonnement Chez L'enfant*. New York: Littlefield. 波多野完治（訳）1966 判断と推理の発達心理学 国土社

Piaget, J. 1926 *The Language and Thought of the Child*. London: Kegan Paul, Trench, Trubner.

Piaget, J. 1947 *La Psychologie de L'intelligence*. Paris: A. Colin. 波多野完治・滝沢武久（訳）1967 知能の心理学 みすず書房

Piaget, J. 1964 *Six etudes de psychologie*. Paris : Denoel. 滝沢武久（訳）1970 思考の心理学 みすず書房

Piaget, J. & Inhelder, B. 1956 *The Children's Conception of Space*. London: Routledge & Kegan Paul.

Piaget, J. & Szeminska, A. 1941 *La Genëse Du Nombre Chez L'enfant*. Paris: Delachaux. 遠山 啓・銀林 浩・滝沢武久（訳）1962 数の発達心理学 国土社

Portmann, A. 1951 *Biologische Fragmente zu einer Lehre vom Menschen*. Basel : Verlag Benno Schwabe. 高木正孝（訳）1961 人間はどこまで動物か―新しい人間像のために― 岩波書店

阪本一郎 1958 コトバの発達―コトバの心理所収― 中山書店

Shirley, M. M. 1933 The first two years. *Child Welfare Monograph*, 2. No7. Mineapolis: University of Minesota Press.

園原太郎・黒丸正四郎 1966 三才児 日本放送出版協会

高野清純・林 邦雄（編著）1975 図説児童心理学事典 学苑社

田中敏隆 1963 図形認知の発達的研究 心理学研究, **34**, 172-177.

田中敏隆（編）1973 乳幼児の心理 学苑社

田中芳子 1968 児童の位置関係の理解 教育心理学研究, **16**, 87-89.

Vygotsky, L. S. 1934 *Thought and Language*. Moscow : Sotsekgiz. 柴田義松（訳）1962 思考と言語（上・下）明治図書出版

Wayne, D.（Ed.）1951 *Readings in Child Psychology*. New York: Prentice-Hall. 黒田実郎（訳編）1965 児童心理学選書 I 岩崎書店

Werner, H. 1948 *Comparative Psychology of Mental Development*. New York : Follett.

山口勝己 1979 幼児の分類行動におよぼす上位・下位概念名辞の教示効果 教育心理学研究, **27**（1）.

山下俊郎 1955a 児童心理学―子どもの心はいかに発達するか― 光文社

山下俊郎 1955b 児童心理学 朝倉書店

依田 明 1978 家族関係の心理 有斐閣

【第2章】

American Psychiatric Association　1987　*Quick Reference to the Diagnostic Criteria from DSM-Ⅲ-R*. American Psychiatric Association.　高橋三郎・花田耕一・花縄　昭（訳）　1988　DSM-Ⅲ-R　精神障害の分類と診断の手引　（第2版）　医学書院

American Psychiatric Association　1994　*Diagnostic and Statistical Manual of Mental Disorders*. 4th ed. American Psychiatric Association. 高橋三郎・大野　裕・染矢俊幸（訳）　1996　DSM-Ⅳ　精神疾患の診断・統計マニュアル　医学書院

江川玟正　1987　多動・情緒不安定　黎明書房

厚生労働省雇用均等・児童家庭局　平成16年度　児童相談所における児童虐待相談処理件数等

Lenneberg, E. H.　1967　A Concept of 'critical period' for language acquisition. *Biological Foundation of Language*. New York: Wiley.

村田孝次　1973　幼児の言語教育　朝倉書店

村田豊久　1982　自閉症　医歯薬出版

佐藤泰正（編）　1973　障害幼児の指導　日本文化科学社

鈴木昌樹　1974　小児言語障害の診療——言語発達遅滞を中心に——　金原出版

詫摩武俊・藤永　保・依田　明（編）　1972　幼児教育（第2版）　有斐閣

玉井収介　1983　自閉症　講談社

内山喜久雄（監修）　1978　知能障害事典　岩崎学術出版社

内山喜久雄（監修）　1979　言語障害事典　岩崎学術出版社

上村菊朗・森永良子　1982　小児のMBD　医歯薬出版

山口勝己　1991　自閉傾向を有する子どもの予後に関する研究　聖徳保育論叢　第4号

【第4章】

遠藤純代　1990　きょうだい関係　斉藤耕二 他（編）　社会化の心理学／ハンドブック　川島書店

Erikson, E. H.　1959　*Identity and Life Cycle*. New York: International Universities Press.　小此木啓吾（訳）　1973　自我同一性——アイデンティティとライフ・サイクル——　誠信書房

Hurlock, E. B.　1964　*Child Developemt*. New York : McGraw-Hill. 小林芳郎・相田貞夫・加賀秀夫（訳）　1971　児童の発達心理学（上）　誠信書房

柏木恵子　1973　現代青年の性役割の習得　依田　新（編）　現代青年の性意識　現代青年心理学講座5　金子書房

川端啓之・杉野欽吾・後藤晶子・余部千津子・萱村俊哉　1995　ライフサイクルからみた発達臨床心理学　ナカニシヤ出版

Kohlberg, L.　1971　From Is to Ought: How to commit the naturalistic fallacy and get away with it in the study of moral development. In T. Mischel（Ed.）, *Cognitive Development and Epistemology*. New York: Academic Press. 永野重史（編）　1985　道徳性の発達と教育——コールバーグ理論の展開——　新曜社

文部科学省　平成15年度　体力・運動能力調査

Mussen, P. H., Conger, J. J., & Kagsn, J.　1963　*Child Development and Personality*. New York: Harper & Row.　三宅和夫（訳）　1968　発達心理学Ⅰ　誠信書房

澤田　昭　1982　現代青少年の発達加速　創元社

Stratz, C. H.　1922　*Der Körper des Kindes und Seine Pflege.* Stuttgart: Enke.
田中熊次郎　1964　実験集団心理学　明治図書
田中敏隆（編）　1980　児童心理学入門　協同出版
田中敏隆（編）　1980　教育心理学入門　協同出版

【第5章】

本城秀次　1994　児童の気分障害　精神科治療学，**9**（6），721-727.
稲村　博　1994　不登校の研究　新曜社
笠原　嘉　1977　青年期　中央公論社
警察庁　2004　平成16年度版警察白書
小泉英二　1973　登校拒否　学事出版
厚生労働省　2004　平成16年度厚生労働省報告例（児童福祉関係）
厚生労働省雇用均等・児童家庭局　平成16年度　児童相談所における児童虐待相談処理件数等
文部科学省　問題行動等生徒指導上の諸問題に関する調査　平成15年度版
文部科学省　2003　平成15年度学校基本調査
森田洋司・清水賢二　1994　いじめ（新訂版）　金子書房
杉山登志郎（編）　2002　アスペルガー症候群と高機能自閉症の理解とサポート　学習研究社
詫摩武俊・稲村　博（編）　1980　登校拒否　有斐閣
内山登紀夫・水野　薫・吉田友子（編）　2002　高機能自閉症・アスペルガー症候群入門　中央法規出版
上村菊朗・森永良子・隠岐忠彦・服部照子　1988　学習障害―LDの理解と取りくみ―　医歯薬出版
上野一彦（編）　1987　学習障害児の相談室　有斐閣
山口勝己　1995　不登校児童の母親カウンセリング　聖徳保育論叢　第8号
山口勝己　2006　児童相談所一時保護所の現状分析　創価大学教育学部論集　第57号

【第6章】

愛原由子　1987　子どもの潜在能力を知るバウム・テストの秘密　青春出版社
秋山さと子　1982　ユング心理学へのいざない　サイエンス社
木村晴子　1985　箱庭療法　創元社
佐治守夫・岡村達也・保坂　亨　1996　カウンセリングを学ぶ　東京大学出版会
詫摩武俊・稲村博（編）　1980　登校拒否　有斐閣

索　引

人名索引

■ ア行 ■■■
愛原由子　177
アクスライン（Axline, V. M.）　180
アスペルガー（Asperger, H.）　81
アンナ・フロイト（Freud, A.）　179
稲村　博　150
ヴィゴツキー（Vygotsky, L. S.）　23
ウェクスラー（Wechsler, D.）　173
上野一彦　159
ウェルナー（Werner, H.）　18
ウォーク（Walk, P. D.）　16
ウォルピ（Wolpe, J.）　183
牛島義友　7
江川玫成　92
エリクソン（Erikson, E. H.）　9
エリック・バーン（Berne, E.）　174
遠藤純代　123

■ カ行 ■■■
カーク（Kerk, S.）　158
笠原　嘉　167
柏木惠子　130
勝井　晃　20
カナー（Kanner, L.）　81
カルフ（Kalff, D. M.）　181
河合隼雄　181
ギブソン（Gibson, E. J.）　16
ギルフォード（Guilford, J. P.）　174
グッドイナフ（Goodenough, F. L.）　112
クライン（Klein, M.）　179
グリーン（Green, E. H.）　45
クレペリン（Kraepelin, E.）　169
クロー（Kroh, O.）　7
ゲゼル（Gesell, A.）　4

小泉英二　150
コールバーグ（Kohlberg, L.）　126
コッホ（Koch, K.）　176

■ サ行 ■■■
佐藤泰正　76
シェーファー（Schaffer, H. R.）　40
ジェンセン（Jensen, A. R.）　3
清水賢二　145
シモン（Simon, T.）　110
シュプランガー（Spranger, E.）　129
シャーレイ（Shirley, M. M.）　11
シュテルン（Stern, W.）　3
シュトラッツ（Stratz, C. H.）　7
ジョンソン（Johnson, A. M.）　149
鈴木隆男　1
鈴木昌樹　73
ストラウス（Strauss, A. A.）　90
スピッツ（Spitz, R.）　39
鷲見たえ子　81

■ タ行 ■■■
ターマン（Terman, L. M.）　111
田中熊次郎　124
田中敏隆　20
田中芳子　28
デヴィッドソン（Davidson, H. P.）　21

■ ナ行 ■■■
中西信男　42

■ ハ行 ■■■
パーテン（Parten, M.）　44
ハーロウ（Harlow, H. R.）　36

189

ハーロック（Harlock, E. B.）　34
ハヴィガースト（Havighurst, R. J.）　7
ハリス（Harris, D. B.）　112
ハルバーソン（Halverson, H. M.）　13
ピアジェ（Piaget, J.）　7, 23, 26
ビネー（Binet, A.）　110
平井信義　42
平山　諭　1
ファンツ（Fantz, R. L.）　16
ブリッジェス（Bridges, K. M. B.）　32
フロイト（Freud, S.）　7
ブロイラー（Bleuler, E.）　168
ヘッツァー（Hetzer, H.）　42
ボウルビィ（Bowlby, J.）　36
ポルトマン（Portmann, A.）　1
本城秀次　153

■ マ行 ■■■

マーキー（Markey, F.）　46
村田孝次　74
森田洋司　145
モレノ（Moreno, J. L.）　110

■ ヤ行 ■■■

矢田部達郎　174
山口勝己　30
山下俊郎　46

■ ラ行 ■■■

レネバーグ（Lenneberg, E. H.）　74
ローエンフェルト（Lowenfeld, M.）　181
ローゼンツヴァイク（Rosenzweig, S.）　116
ローナ・ウイング（Wing, L.）　164
ロールシャッハ（Rorschach, H.）　178
ローレンツ（Lorenz, K.）　5
ロジャーズ（Rogers, C. R.）　178

■ ワ行 ■■■

ワトソン（Watson, J. B.）　4

━━━━━━ 事項索引 ━━━━━━

■ ア行 ■■■

愛着　36
愛着障害　98
アイデンティティ　130
アイデンティティ拡散　131
アスペルガー症候群　163
アニミズム　19
育児不安　68
いじめ　144
ウェクスラー式知能検査　173
エゴグラム　174
遠城寺式・乳幼児分析的発達検査　113

■ カ行 ■■■

概念形成　30
カウンセリング　178
学業遅進児　157
学業不振児　157
学習障害　157
学習優位説　4
数の保存　27
学校恐怖症　149
環境閾値説　4
観察法　108
吃音　56

索引

基本的生活習慣　15
ギャング・エイジ　124
境界人　129
境界例　168
共感覚　19
強迫神経症　167
グッドイナフ人物画知能検査　112
言語聴覚士　25
言語発達遅滞　71
構音障害　25
高機能自閉症　163
行動療法　183
広汎性発達障害　84
刻印づけ　5
ごっこ遊び　46

■ サ行 ■■■

作文能力　122
3歳児健康診査　72
自慰　54
子宮外胎児期　2
自己中心性　28
自己中心的言語　23
自己中心的思考　26
思春期　127
実験法　109
実念論　30
質問紙法　109
児童虐待　133
児童虐待防止法　133
児童自立支援施設　141
児童相談所　100
児童養護施設　100
自閉症　81
自閉的精神病質　81
社会的測定法　110
就巣性　2
生涯発達　1
情緒　31
情緒障害　83

少年非行　138
少年法　139
事例研究法　110
神経症　167
人工論　30
心的外傷後ストレス障害　99
新版K式発達検査　113
心理検査　173
心理的離乳　129
心理療法　178
推理　122
生育歴　107
性格検査　113
成熟優位説　4
精神発達精密健康診査　72
精神発達遅滞　76
青年期　129
性役割　130
生理的早産　2
前概念的思考　26
前操作的思考　26
躁うつ病　169
早期幼児自閉症　81
操作　26
相貌的知覚　18

■ タ行 ■■■

第一質問期　22
第一反抗期　41
退行現象　52
対人恐怖症　167
第二次性徴　127
第二質問期　22
第二反抗期　129
多動症候群　91
田中ビネー知能検査　110
チック　55
知的障害　76
知的障害児通園施設　79
知能検査　110

191

注意欠陥・多動性障害　87
抽象作用　30
直観的思考　26
投影法　176
登校拒否　149
統合失調症　168
道徳性　125
読書能力　122
特別支援教育　167

■ ナ行 ■■■
喃語　22
二次的就巣性　2
乳児院　100

■ ハ行 ■■■
箱庭療法　181
発達加速現象　128
発達課題　7
発達研究法　110
発達検査　113
発達障害　70
発達診断　107
発達段階　5
発達の原理　4
反射運動　11
汎心論　30
P-Fスタディ　116
被虐待児　99

微細脳障害症候群　90
人見知り　39
ひとりっ子　61
輻輳説　3
不登校　149
文章完成テスト　176
防衛機制　35
ホスピタリズム　98
保存　27

■ マ行 ■■■
マターナル・デプリベーション　98
面接法　109
モラトリアム　131

■ ヤ行 ■■■
遊戯療法　179
幼児・児童性格診断検査　113
幼稚園ぎらい　63

■ ラ行 ■■■
離巣性　2
療育手帳　80
量の保存　27
臨界期　5

■ ワ行 ■■■
Y-G性格検査　174

■ 著者紹介

山口勝己（やまぐち・かつみ）

1948年　東京都に生まれる
1976年　大阪教育大学大学院教育学研究科修士課程修了
現　在　創価大学教育学部教授

主著・論文

幼児の分類行動におよぼす上位・下位概念名辞の教示効果　教育心理学研究，第27巻第1号，37-41．1979年
障害児の保育　田中敏隆（編著）講座／保育内容の実践　総論　学苑社　1981年
家庭分離による不登校児童の指導　厚生省児童相談事例集　第25集，281-293．1993年
問題行動と指導　田中敏隆（編著）学生・教師のための教育心理学　田研出版　1995年
児童相談所一時保護所の現状分析　創価大学教育学部論集　第57号，73-82．2006年

子ども理解と発達臨床

2007年2月20日　初版第1刷発行
2011年7月20日　初版第3刷発行

定価はカバーに表示してあります。

著　者　山　口　勝　己
発行所　㈱北大路書房
〒603-8303　京都市北区紫野十二坊町12-8
電　話　(075) 431-0361㈹
ＦＡＸ　(075) 431-9393
振　替　01050-4-2083

©2007　制作／T. M. H.　印刷・製本／亜細亜印刷㈱
検印省略　落丁・乱丁本はお取り替えいたします
ISBN 978-4-7628-2537-8　　Printed in Japan